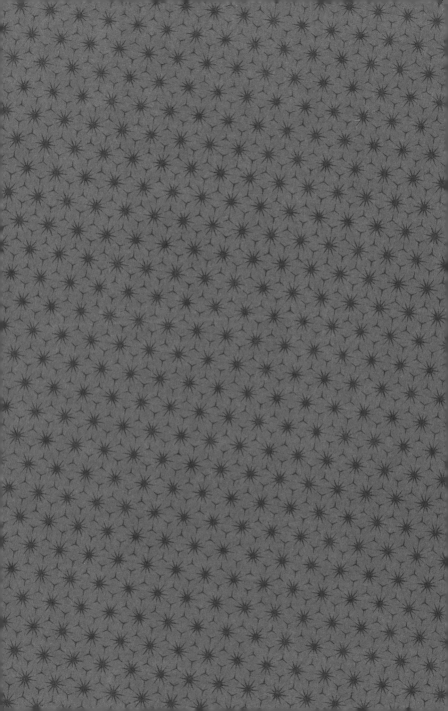

【目次】

第二章　お気楽江戸生活のコツ

第三章 江戸で天職に出合う

第四章　古きをたずね身じまいする

第五章 目と口とおへその下

まえがき——江戸に住んでいるわたし

世の中が生きづらいのは昔からのことで、誰もがようやく折り合いをつけて過ごしておりますが、よほど世知辛いご時世となりまして、いよいよ自分らしく生きることは至難となってまいりました。都会の方などは日々の煩わしさから遁れて、田舎へ行って移住生活をはじめます。むろんそれは魅力的ですが、世間の風は全国津々浦々まで吹いてくるので、田舎暮らしとて安穏ではないと躊躇する向きもございましょう。そうした人のうちには、こう考えた者がおりました。

そうだ、江戸へ行こう。

江戸なら田舎ほど遠くはないし、いや、ずっと遠いけど、憂鬱なニュースの届かないところだから、まずのんびりしていて、それに費用もあまりかかりそうにない。まったく移住先にはうってつけです。

本書の先達も、たびたび江戸を訪れるうちに、そこの暮らしのコツが飲み込めてきたので、それを皆さんにお話したい、ついでにこの江戸移住をすすめようと考えております。

ところで、よく江戸をユートピアのようにいう人――わたしもその手合かも――がいますけれど、理想郷だなんて真に受けると、きっとがっかりなさるでしょう。実際のところ電気もガスも通っていないから、生活全般不便この上ありません。もちろんネットもないのでスマホなど無用です。せっかく江戸の風景は映えるのに、SNSに上げられないのは残念かな。どこへ出かけるにもたいてい徒歩ですから、いやおうなく健脚になります。食べ物はうまいけれど、現代の気の利いた料理は存在しません。それに気候もよくない。江戸時代は小氷河期にあたるそうで、江戸の冬はいまの北海道くらい冷えこみます。そのくせ夏も暑いときていて、エアコンの生活に慣れた現代人にはなかなか過酷でしょう。ついでに封建社会なので、馴染みのないしきたりにとまどうこともしばしばです。

何だ、ちっともいいところがないじゃないか、と思われるでしょう。ところが不便さや自然の厳しさを当り前のことと、いったん受けとめてしまえば、真に江戸の値打ちが見えてまいります。それは、ちょっと陳腐な言い方になりますが、そこでは人間らしい生き方を実感できる――そう申してもおさしつかえありますまい。

本書は江戸のよさにふれていただくために、不便でやっかいな江戸暮らしを、むしろ楽しく過ごしていただけるように描きました。おそらく本書を読まれると、実際に江戸に行ったときにも困ることはないと思います。

世に江戸の本はたくさんございまして、いずれも学ぶよろこびに満ちております。ただ本書は江戸に遁げるという主題ゆえ、知識を糧として想像力を逞しくしたい。江戸を想像する――

さらにいうなら、江戸に住んでいる自分を想像できるならば、目論見はあらかた成就いたします。

まず能書きはこれくらいにして、さっそく出かけてまいりましょう。何、大仰なことではございません。数ページ先で先達が待っておりますから——

そこから江戸です。

本書は、江戸後期の天保初年（一八三〇年代初頭）頃の江戸への移住を想定に書かれています。とくに時代表記のない場合は、おおよその時代の風景を描くように心がけました。

第一章

今日からはじめる江戸の物件さがし

江戸で長屋暮らしをはじめる前に

江戸生活を楽しむために、まずは住むところを見つけましょう。うんと費用をかけるのでなければ長屋暮らしが気楽です。ただし、ひと口に長屋といっても、商売向けの表長屋から九尺《くしゃく》二間《にけん》の裏長屋までさまざま。そこは皆さんの移住スタイルに合わせて選ぶことになりますが、ここではより一般的な裏長屋を中心にお話をしたいと思います。

　では、さっそく物件選びといきたいのですが、何しろ江戸にはネットや雑誌の賃貸情報なんてないし、不動産屋さんだってありません。どうやって家を見つけるのか、ちょっと困りますね。でも、大丈夫。江戸で住まいをさがすのはそれほど難しくありません。これからそのコツ（間取りや家賃、借り方など）をご伝授いたします。

　とはいえ、現代の住まいさがしとは少し勝手がちがいますから……そうですね、まずは江戸の町人地はどのあたりか、なんてことからはじめて、町政のしくみなどもあわせて、江戸の住まい事情をゆっくりと見てまいりましょう。

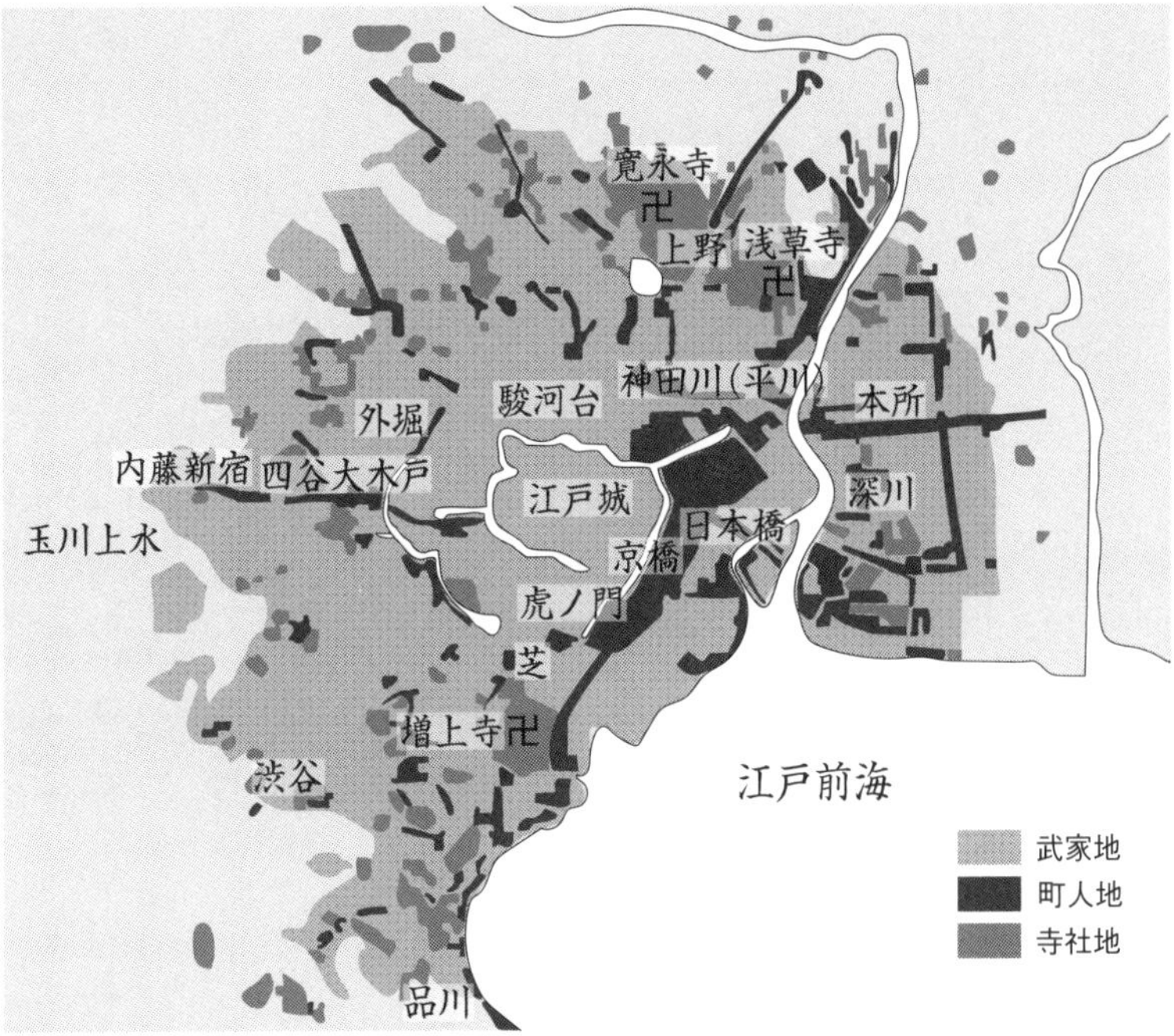

江戸の町割

江戸は最初の都市計画のときに町人の集住する区域が決められました。江戸城の東側、日本橋周辺がまず開発されて、そこを起点に北は神田から南は芝まで、室町通り（現在の中央通り）に沿った下町区域が町人地の中心として大変に繁盛します。のちには浅草や下谷、隅田川対岸の本所、深川などの場末にも町屋が広がり、中心地に劣らない繁栄をみました。

物件さがしはこうした町人地からはじめることになります。ところで皆さんは実際に江戸に行くと、最初期につくられた中心地（江戸古《こ》町《ちょう》といいます）がちょっと格式ばっているのに比べ、本所や深川などの新興地の方が、より自由で気楽そうだ——そんなことをお感じになるかもしれません。江戸の町は二百年以上にわたって拡大しましたから、地域ごとに町並みの様子や生活環境もわりとちがってくる、ということを頭の隅にとめておくとよいでしょう。

さて、江戸の町が拡大したと申しましたが、実のところ江戸全体からいうと町人地の面積はさほど広くありません。明治二年(一八六九)の土地利用状況調査によれば、幕末期の江戸は武家地が千百七十万坪で全体の約七〇パーセントを占め、町人地と寺社地がそれぞれ二百七十万坪で約一五パーセントずつでした。一方、江戸の総人口約百二十万人に対して町人人口は五十八万人ほどあります。これが二百七十万坪の区域に居住するのですから、大変な過密状態だったでしょう。町人は狭いところにみっちり住んでいたわけです。人口密度にして一平方キロメートルあたり約四万人。現在の東京都区部が一平方キロメートルあたり一～二万人ほどですから、いまと比べても二倍強になります。

それというのも江戸庶民の大多数が、裏長屋と呼ばれる四畳半ひと間とか六畳ひと間のスペースに一家して暮らしていたからなのです。

表店と裏店

江戸の町割の最小単位は、表通りに面して建てられた表店《おもてだな》と、その内側につくられた裏店《うらだな》（裏長屋）によって構成されます。江戸では「店」といえば家作《かさく》のことですから、ここは表通りの家と裏通りの家というふうに理解してください。

表店の多くは二階建てで、ことに大商店や土蔵が目立ちます。いわゆる大店の主人は自分の土地を持つ地主でした。江戸では原則的に土地所有は認められませんが、実際は沽券《こけん》という土地評価額をもとに権利が売買されました。この沽券地を所有して自らが商売をしたり、また、他者に貸したりする地主、家持らが、のちに述べる町政を運営する有力町人です。

しかし、表店に並ぶのは地主層の大店ばかりではありません。中堅クラスの商人や職人の親方の家屋も多く、かれらは地主から借りた土地に自分で家を建てました。地借《ちがり》といわれる人たちです。さらに二階建ての一階部分に商売向けの間口をしつらえた表長屋も見かけるでしょう。ここで裕福な小商人《こあきんど》らが商売をしますが、かれらは裏長屋の住人とおなじく店借《たながり》といわれます。

一方、裏店は表店の並ぶ表通りの内側につくられました。粗末なつくりの裏長屋で、一般に長屋といえばこの裏店のことです。江戸時代初期には、裏店部分は会所地《かいしょち》と呼ばれる空き地でしたが、次第に江戸に流入する人びとの居住地として利用されるようになり、江戸中期の享保の頃（一七一六―三六）には、裏長屋の形態が定着したといわれます。

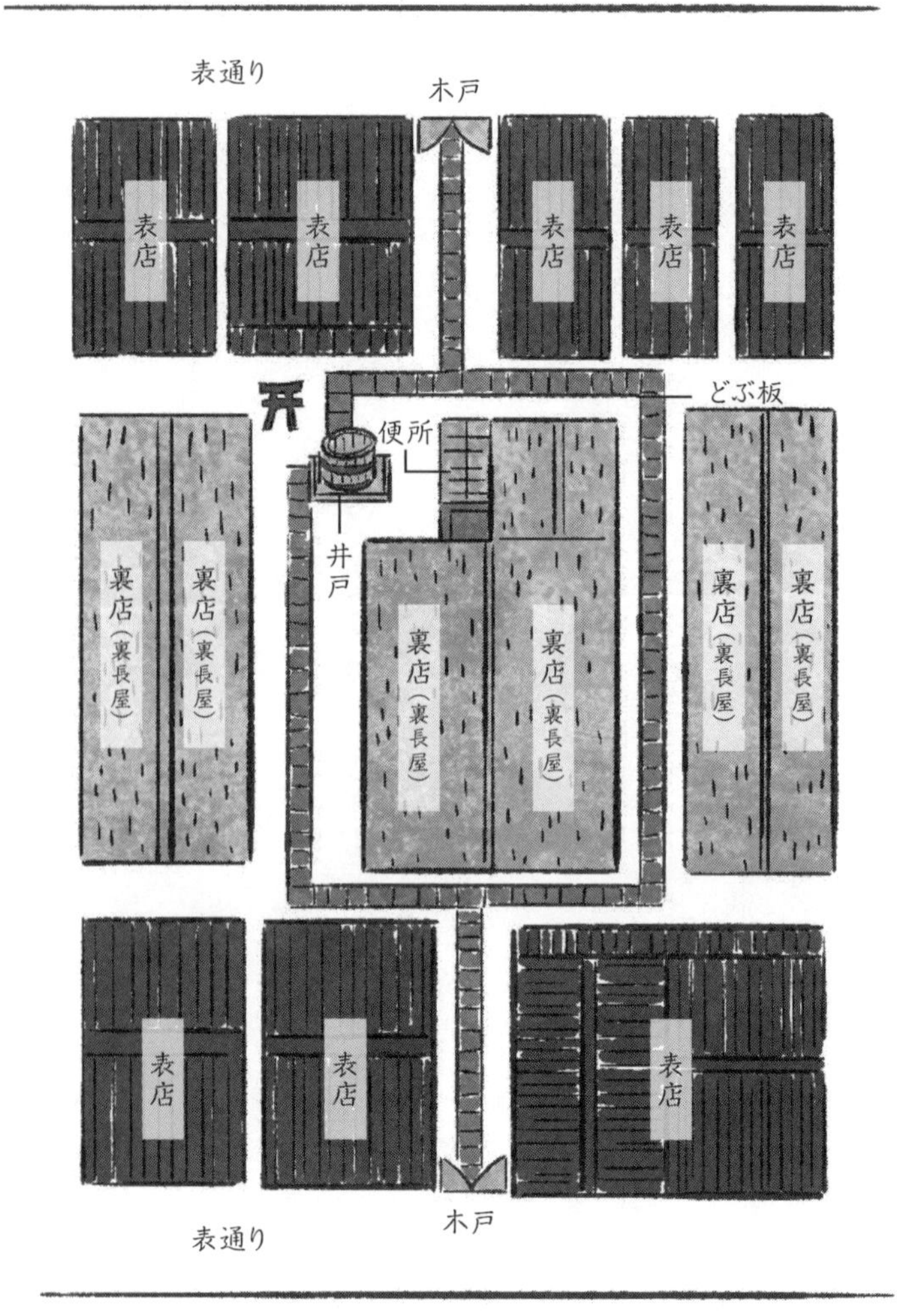
表通り
木戸
表店
表店
表店
表店
表店
どぶ板
便所
井戸
裏店（裏長屋）
裏店（裏長屋）
裏店（裏長屋）
裏店（裏長屋）
裏店（裏長屋）
裏店（裏長屋）
表店
表店
表店
木戸
表通り

裏長屋は粗末であるばかりか大そう狭く、よく九尺二間の裏長屋といいますが、これは間口が九尺（二・七メートル）、奥行きが二間（三・六メートル）、だいたい四畳半ひと間に簡易台所つきの1Kといったところ。これが裏店の一般的な広さでした。ほかにも九尺三間という六畳ひと間、あるいは四畳半と三畳で二間続きになった広めのタイプもありますし、一方、六尺一間半という二畳ひと間に土間だけという恐ろしく狭いものもあります。

こうした狭い家が薄い壁で隔てられ、数軒が横に並ぶのが**割長屋**《わりながや》。入口の反対側が抜け裏になっているから風通しもよく、ささやかな庭のついているものもあります。この割長屋を背中合わせにくっつけたのが**棟割長屋**《むねわりながや》で、こちらは三方が壁に隔てられるので、いっそう狭く感じられるかもしれません。

割長屋

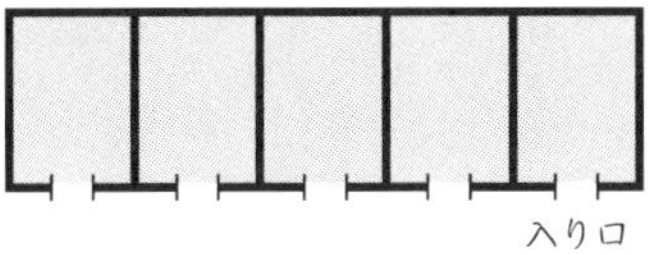

棟割長屋（10軒分）

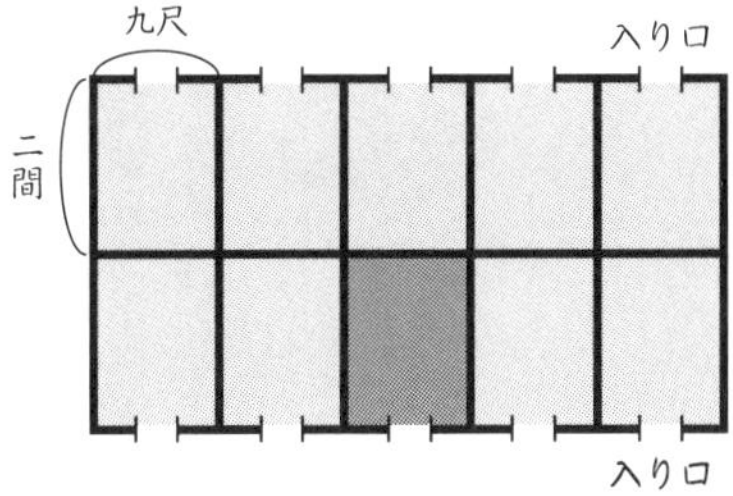

棟割長屋

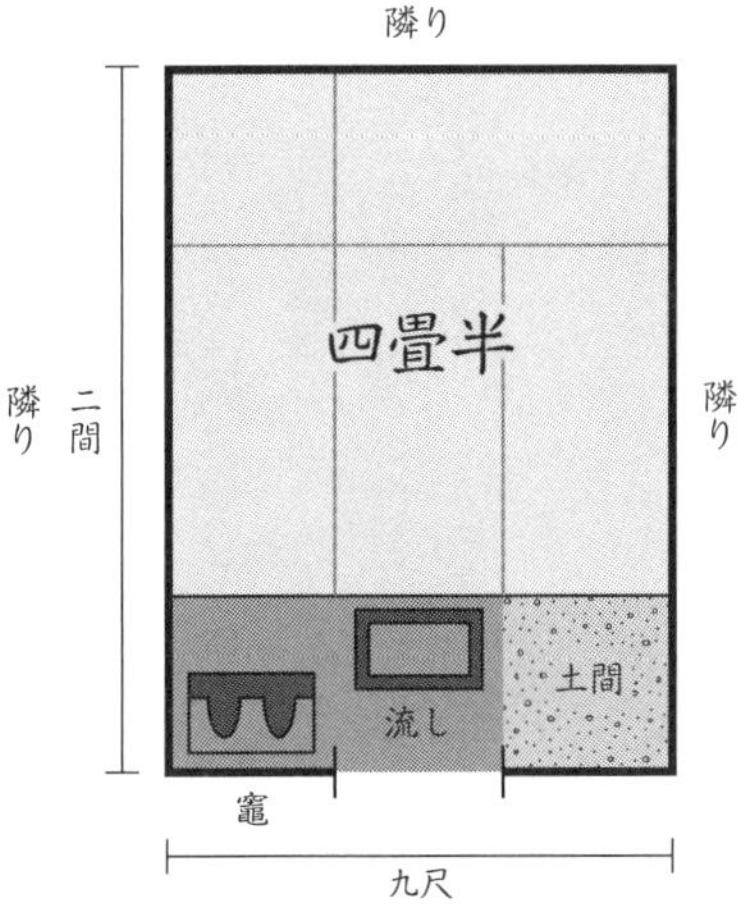

裏長屋の住人は、棒手振《ぼてふり》、振売《ふりうり》といった店舗を持たずに品物を売り歩く零細商人であるとか、日雇いの肉体労働者や手間賃稼ぎの小職人、さらには駕籠《かご》かき、紙屑屋、芸人など、いくばくかの日銭でようやく生活をしている人たちです。江戸っ子のセリフに「宵越しの銭は持たない」というのがありますが、これは銭をきれいに使いたいという美意識もあったでしょう。でも、実際には蓄えのできる余裕などまるでなく、銭を持ちたくても持てない庶民事情もあらわしています。それでも「金は天下の回りもの」とあきらめ、気楽を決めこんでその日暮らしをしていました。

その日暮らしができることは江戸移住の大きなポイントです。そこで下々《しもじも》の暮らしがどのようになりたっているのかを考えてみたいと思います。

長屋の住人は町人ではない

江戸の町方には明確な階層が存在しました。

(一)土地(沽券)を持っている地主・家持
(二)土地を借りて自分で家を建てる地借
(三)借家住まいの店借

このうち幕府が町人として認めているのは（一）の階層だけでした。厳密には土地持ちの地主・家持ならびに地主に代わって土地や家を管理する大家（家守）のみが町人ということになります。裏長屋の住人はもちろんのこと、たとえ表通りに店舗を開こうと、何人もの職人を抱える親方といえども、土地を持たない者は町人ではありません。それはこういうわけです。

江戸の町政は町奉行と配下の与力・同心が支配しますが、そのほかに三人の町年寄《まちどしより》と二百五十人程の町名主《まちなぬし》が自治的に実務をおこない、町の仕組みを支えました。

町年寄には江戸開府以来の家柄である奈良屋・樽屋《たるや》・喜多村《きたむら》の三家が代々世襲であたります。日本橋本町に町年寄役所があり、ここで産業振興や土地管理、町令の発布（町触《まちぶれ》）から訴訟事まで、町政のさまざまな職務がおこなわれました。

町名主は、地主・家持のうちから選挙によって選ばれた町の代表者です。町年寄役所などで業務をおこないますが、元禄の頃（一六八八―一七〇四）より、家持の代理人である大家の代表が勤める月行事《がちぎょうじ》がこの役目にあたることも多くなります。

さて、町政をおこなうために、地主・家持は町入用《ちょうにゅうよう》という税金（地方税もしくは町会費）を納めます。そこから町内の自身番、木戸番や町火消の費用とか、井戸や道路の普請などの自治費用が賄われました。つまり、税金を支払って町政にたずさわる者のみが、町人として認められたわけなのです。

ひるがえって裏店の住民はというと、すべて無税です。所得税も住民税も固定資産税も、もちろん消費税もゼロ。加えて公共料金（水道代）も無料《タダ》でした。税金は裕福な者から取るのがこの時代の考えだったのです。さらにいえば、粗末な長屋を建てて安い賃料で住まわせるという社会事業というべき慣習があればこそ、その日暮らしも可能となります。江戸は弱者にやさしい社会といえるかもしれません。

大家といえば親も同然

大家さんというと、現代においてはアパートやマンションを賃貸するオーナーさんですが、江戸時代の大家さん（家守）はそれとはずいぶん性格のちがうものです。

よく落語に「大家といえば親も同然、店子といえば子も同然」なんてセリフが出てきます。もちろんこれは落語ならではの、大家と長屋の住人たちの関係をデフォルメしたものですが、実は江戸時代の社会制度をよく現わしています。

江戸時代には五人組という自治制度がありました。これはおもに農民と町人に適用されるもので、五軒隣りがひと組となって相互扶助と監視、連帯責任を共有するものです。江戸の各町でも、地主・家持らが五人組となって連帯責任を負いました。かれらは自分の店に何人もの従業員をかかえています。もしも店で何か問題が生じれば、一蓮托生《いちれんたくしょう》で周囲の五軒に責任がおよびますから、家中の者を徹底的に管理しなければなりません。そんなふうに自分の店だけで手いっぱいなのに、長屋の住人まで目を配るのはとても無理です。そこで地主・家持たちは、町内の店子管理を代行できる有能な者を選び、大家（家守）として立てました。

大家の実務は多岐にわたり、店子の身元保証から生活指導、店賃の集金、建物や設備の管理・整備、木戸口の開閉など防犯対策、病人や怪我人の世話、冠婚葬祭の取りしきりまで、あらゆる面倒をみます。さらには地主・家持に代わって町政業務もおこない、町触れの通達や火の番・夜回り、訴訟事の立会《たちあい》、沽券（土地）譲渡の証人など、大変に忙しいものでした。その業務内容を現在の職業に照らせば、不動産業、公証人、弁護士、民生委員……などを兼任するような存在だったのです。

店子の生活問題を一手に引き受ける大家は、大きな責務を負いましたから、地主・家持とおなじく町政を担う町人身分として扱われるし、無償で住居を提供されるなどの特権を受けました。収入についても、地主・家持からの賃金のほか、店賃集金の手数料（だいたい五パーセント程度）や訴訟や願書などへの店子からの礼金（これが現在の賃貸取引の礼金のはじまりです）、それと重要な収入源となるのが裏長屋の共同便所からうまれる下肥料《しもごえりょう》。これらを合わせて、当時の職人の所得の五倍程度はあったといいますから、まず高給取りといえます。

このように大家さんは江戸の自治組織に欠くことのできない存在です。江戸に住むにあたっては、とにかく大家さんとの関係が重要となることを知っておいてください。

店賃は三百文が相場

裏長屋の店賃（家賃）は、九尺二間（四畳半ひと間）で月三百文がおおよその相場です。もう少し広い割長屋タイプですと、四百文から五百文というところもありますし、崖地や僻地ではもっと安い物件も見つかるでしょう。また、首吊りのあった家は百文ほど値引かれます。時おりこうした事故物件に出くわすので注意が必要です。

さて、三百文がどのくらいの金額かというと、単純に一文＝十二円で通貨換算すれば約三千六百円となりますから、ずいぶん安いように思われます。長屋の住民のうちでも比較的高収入である大工の一日の収入がだいたい五百文から六百文くらい。まあまあ日銭で払える程度の安価であったことはまちがいありません。

掘り出し物件

江戸八百八町といいますが、この「八百八」という数字は「嘘八百」とか「でか八《ばち》」というように、大きいことを強調することばなので、本当の町数ではありません。実際の町数はもっと多くて、江戸中期の正徳三年（一七一三）には、すでに九三三町を数えており、これが天明期（一七八一―八九）になると、その倍の一六五〇余町に達しています。これは時代ごとに江戸が拡大したことをあらわしますが、それでも武家地、寺社地、町屋の比率は江戸時代を通して大きく変わっていません。江戸の規模が大きくなったことだけでは、町数の急増は説明できないのです。

では、どうして町が増えたのかというと、実は武家地、寺社地、農村の一部が町屋に変わり、町奉行支配に組み入れられたことが原因でした。武家地を見ると、江戸のあちこちに大縄《おおなわ》地《ち》という下級武士の組屋敷があります。現代の公務員宿舎といったところでしょうか。こうした組屋敷拝領地の一部が町人に貸付けられて、そこが町場化することが少なくありませんでした。たとえば将軍警護の御徒衆大縄地に形成された御《お》徒《かち》町《まち》とか、武具を揃える箪笥衆大縄地に点在する箪《たん》笥《す》町《まち》など、その痕跡は現代の町名にも見ることができます（武家領町屋は「ちょう」ではなく「まち」と読むのが特徴）。このような町屋には、武家と関係の深い医者や文化人らが集住してネットワークをつくることもありました。

寺社地には参詣人を目当ての店借商人らがあつまり門前町を形成するとか、郊外の農村では街道沿いなどに商家をつくり、やがて町場化する百姓町屋など、いたるところに町がつくられたことが、町数増大の理由です。

これら町場化したところは、場末などの立地の不便さや町の機能が十分でない場合も考えられます。しかし、そのために安い店賃で借りられるとか、いま述べたような文化人の集住する場所など、特定の職業をおこなうには都合のよいところもあるでしょう。意外にも掘り出し物件が見つかるかもしれません。

それと隅田川を隔てた東側には水道設備がないことに注意しましょう。生活用水は掘抜き井戸をつかうことになりますが、海に近い深川や一部本所地域では井戸を掘っても塩気が多くて飲料には適しません。そのために水売りという者が町を回り、飲料水を供給していました。実際に住んでみると、かなり難儀すると思います。

大家さんとの交渉

「……初めましてお目にかかりますが、あなたさまが田中さまでございますか。手前どもは通行の者でございますが、この先に二間半間口の結構なお借家がございまして、ご拝借を願いたいのでございますが、手前どものような者にお貸しくださいましょうや、ご先約がございましょうか、この段をうかがいたいと存じまして」

「……いや、恐れ入りました。あなたはなかなか物に行き届いている。ええ、この先に二間半間口の結構なお借家、いやどうも、別にそう言われるほどのものでもないが、ま、褒めてもらって悪い心持のしないもんで……」（「小言幸兵衛」六代目三遊亭圓生）

落語から、大家さんに裏店を借りるときの会話を引いてみました。店借にあたっては、まず大家さんにていねいなことばづかいで挨拶をするのがよいと教えてくれます。第一印象がとても大事です。でも、この噺では小言大家がいろいろと難癖をつけて、けっきょく貸さずに断ってしまうのですが……。

さて、江戸の町で気に入った貸家を見つけたら、大家さんとの交渉に入ります。このときポイントは二点のみ。

一　大家さんに気に入られること
二　自分の身元を明らかにすること

これだけです。

大家さんに気に入られるには、ことばづかいをきちんとするだけで十分です。とくにお世辞やかしこまった挨拶などはいりません。目上の者と話をするつもりになれば（たとえ相手が年下であっても）、うまくいくでしょう。このとき現代の「～です」を次のようにいいかえると違和感なく話せると思います。


「～です」→「～でございます」

「～でした」→「でございました」

「～ですか」→「でございましょうか」

「～でしょう」→「でございましょう」


ほかにも現代のことばづかいは奇異に思われるでしょうが、きっと田舎の人なのだろうくらいに考えてもらえるでしょう（江戸へ行ったら田舎者のふりをすると、うまくいくことが多いようです）。

初対面で「この店借はていねいな人だ」という印象を与えられたらいいのですが、それでも話をするうちに反《そ》りが合わないと感じるかもしれません。人には相性がありますから。そんな

長屋木戸の朝。商売札で店子の商いがわかる。式亭三馬「浮世床」より（国立国会図書館蔵）

ときは借りるのをあきらめましょう。大家さんとのつきあいが江戸移住を大きく左右します。いいかえれば気持の通じる大家さんとの出会いが江戸暮らしを可能にするといっても過言ではありません。

　では、よい大家さんと出会えたとして、最後に大きな関門となるのが身元確認です。大家さんは店子管理のために宗門人別帳というものを役所に提出しなければなりません。つまり生まれはどこか、寺はどこか、どんな仕事をしているか、といったことが調べられます。お寺をきかれるのは葬礼の備えもありますが、そのほかに店子が京見物とかお伊勢参りなど旅行に行くときには、檀家寺と大家の保証により旅行手形が発行されるために重要でした。

　この宗門人別帳への書き入れは、地域によってやかましいところもありますし、大家さんも細かく調べる場合もありますが、わりと大らかであることが多く、たいていは何か仕事をしていれば、あるいは、こういう商売をしたいと答えるだけでも認められます。大家さんに気に入ってもらえれば、

「よし分かった。おれが何とでも面倒を見てやる」ということになるでしょう。

ただし裏長屋のなかに、おなじ商売があることを大家さんが嫌うこともあるので、事前に長屋の住人にはどんな商売人がいるのかを確認しておくとよいでしょう。これはよく長屋の木戸口のところに店子の商売札が貼られているので、実際に住人に声をかけなくても知ることができます。

さあ住むところが決まりました。

いよいよ江戸移住のはじまりです。

それでは快適な江戸生活を送るために、まずは時刻の数え方から覚えてみましょう。

【江戸社会の決まり事～その一～】

時刻を知ろう

江戸に住んで最初にとまどうのが時刻でしょう。いま何時なのかよく分からない。身の回りに時計は見当たらないし、もちろん、腕時計をしている人なんていません。でも時刻を知る方法があります。江戸市中には「時の鐘」という施設があって、日に十二回、およそ二時間おきに報時しました。江戸市民は鐘の音でだいたいの時刻を知ります——どういう風に？　いま、ちょうど打ちはじめたのできいてみましょう。

まず、三回ゴーンと打ちました。これは捨て鐘といって、これから時報を打ちますよ、という合図です。それから少し間をおいてゴーン、ゴーン……と八回打ちました。「八」が現在の時刻です。えっ、午前八時？　さっきお昼食べて、そろそろおやつの時間じゃないの——そのとおり。まさにおやつを意味する昼八《や》ツ時です。ハチジではなくてヤッといいます。現代の時刻でいうと午後二時頃でしょう。

時刻の数え方

江戸の時刻は、平安時代の延喜式以来の定時法で数えました。これは一日を十二等分して一刻《とき》（約二時間）とし、十二支の名をあてはめます。

さらに日の出前と日没後を境に、昼夜それ

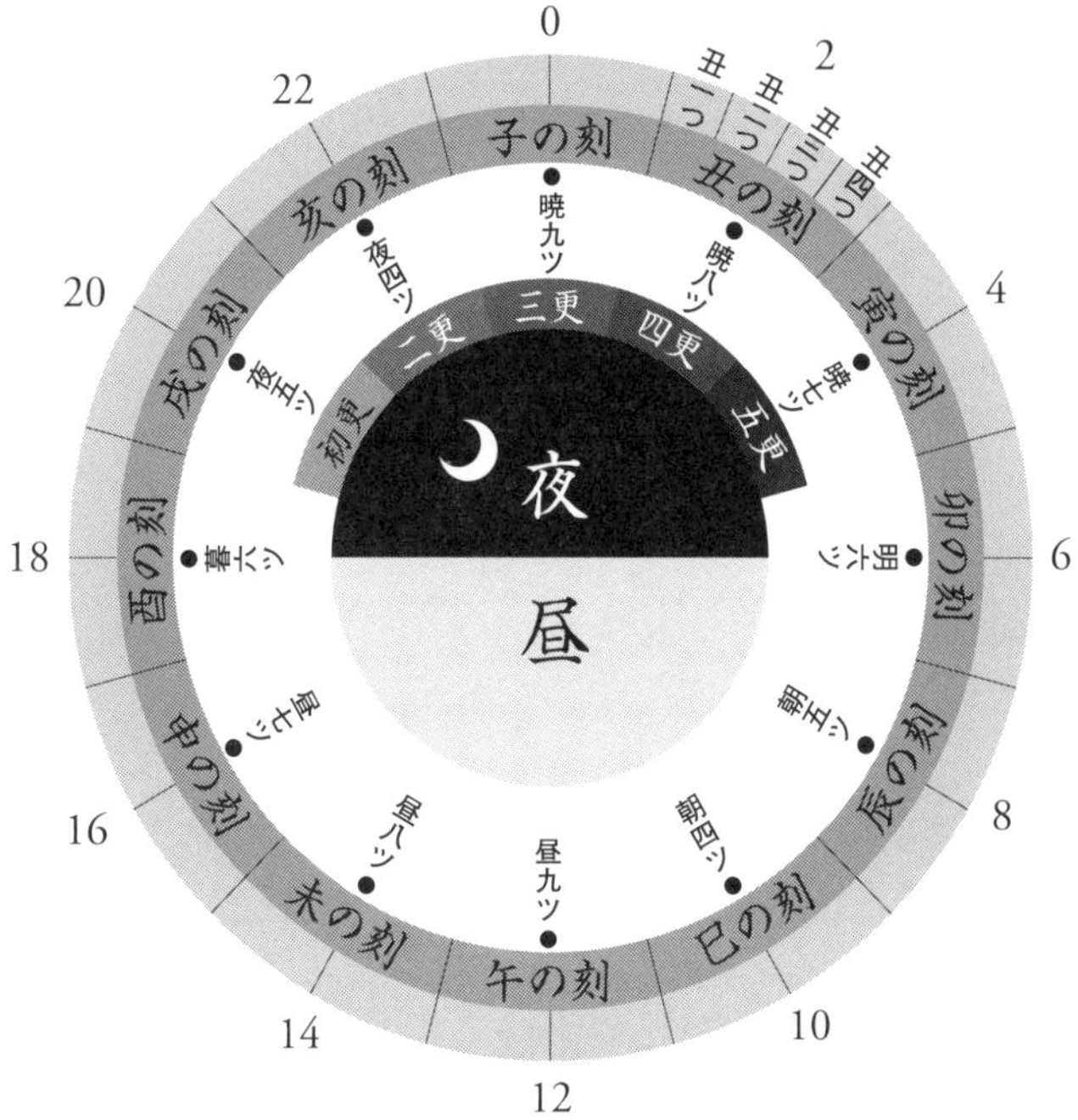

参考：https://ameblo.jp/cypris11/entry-12557731350.html

ぞれ六等分して一刻とする不定時法が日常的につかわれました。上図は、江戸の定時法の十二支の時刻と不定時法にもとづいて打つ鐘の時刻を、現代の時刻に対応させたものです。

真夜中の半刻（約一時間）前、つまり午後十一時より午前一時までが子《ね》の刻であり、一日は子の刻の中点（九ツ）ではじまります。以降は二時間ごとに丑《うし》（八ツ）寅《とら》（七ツ）卯《う》（六ツ）辰《たつ》（五ツ）巳《み》（四ツ）午《うま》（九ツ）未《ひつじ》（八ツ）申《さる》（七ツ）酉《とり》（六ツ）戌《いぬ》（五ツ）亥《い》（四ツ）と進み、ふたたび子の中点を迎えて一日が終ります。

でも、なぜ時刻を九ツからはじめるのでしょう。それに四ツからまた九ツに戻るのも不自然です。落語「時そば」では、勘定するとき「一《ひい》、二《ふう》、三《みい》、四《よお》、五《いつ》、六《むう》、七《なな》、八《やあ》、いま何刻《なんどき》だい？」と九ツを期待したら、ちょっと時間が早くて「四ツでございます」「五、六、七、八……」。こんな失敗も四ツの次が九ツという唐突さからうまれたものです。

　これは一説に陰陽《おんみょう》思想で縁起のよい数とされる「九」を真夜中と正午に置き、以降一刻ごとに「九」を加えた倍数「十八・二十七・三十六・四十五・五十四」から十の桁を省いて時刻にあてはめたといいます。しかし、この説も本当かどうかは分かりません。とりあえず夜中と昼の十二時が暁《あかつき》九ツと昼九ツ、朝夕の六時が明け六ツと暮れ六ツ、と覚えておけばよいと思います。

　ほかに一刻を区切った呼び方がいろいろあります。知っておくと便利でしょう。

一刻の二分の一を半刻《はんとき》（約一時間）、四分の一を四半刻《しはんとき》（約三十分）といいます。一刻ごとに打つ鐘の合間が長くて不便なので、真ん中に半を入れて、たとえば九ツと八ツの間を九ツ半などといいました。

　それとは別に一刻を四等分して一ツ・二ツ・三ツ・四ツと数えることもあります。「草木も眠る丑三ツどき」とは丑の刻の三番目、およそ午前二時から二時半をいいました。

　それから一刻を二分して前半を上刻《じょうこく》、後半を下刻《げこく》、中点を中刻《ちゅうこく》（正刻《せいこく》）という場合もあります。「正午」とは午の正刻という意味なのですね。

　もうひとつ夜間だけの数え方に「更点法《こうてんほう》」というものもあります。これは文人《ぶんじん》らが好んで使ったもので、日没後から日の出前までの夜間を五等分して初更《しょこう》（戌）二更（亥）三更（子）四更（丑）五更（寅）とし、さらに更を五等分して一点、二点、と数えました。たとえば暁九ツ（午前〇時）は三更三点の中央といいます。また、一更を甲夜《こうや》、二更を乙夜《いつや》、三更を丙夜《へいや》、四更を丁夜《ていや》、五更を戊夜《ぼや》とも呼びました。

　これら時刻の数え方は、暦法上つかわれてきた定時法と江戸の生活上つかわれた不定時法とが混用されています。定時法と不定時法では時刻にずれが生じるため、しばしば混乱が起きました。たとえば午の刻は九ツだが、午の上刻は四ツ半でいいか、というような議論がされています。天保十五年（一八四四）に改暦された天保暦《てんぽうれき》から暦にも不定時法が採用されますが、時刻認識のずれは、けっきょく解消されませんでした。

昼と夜の長さがちがう

不定時法では日の出前と日没を境に昼夜を区切ります。厳密には日の出から約三十六分前の薄明（彼《か》は誰《た》れ時）を明け六ツ、日の入りから約三十六分後の薄暮（誰《た》そ彼《か》れ時）を暮れ六ツとして昼夜を分けました。そこから昼と夜それぞれを六等分して一刻を定めます。しかし明け六ツと暮れ六ツの時刻は太陽の運行で日々変化するため、季節によって一刻の長さも変わりました。夏は昼の一刻が長くて夜の一刻は短く、逆に冬は昼間の一刻が短くて夜の一刻は長くなります。

　夏至の一刻は、昼が二時間三十七分、夜が一時間二十三分。冬至の一刻は、昼が一時間五十分、夜が二時間十分。実に五十分近く差がついてしまうのが不定時法の特徴です。

　江戸ではおおらかに時間が流れます。明け六ツの鐘で目覚め、日のあるうちに活動して、暗くなれば寝るばかり。あらゆる仕事が手作業ですから、自然の明るさが頼りになります。

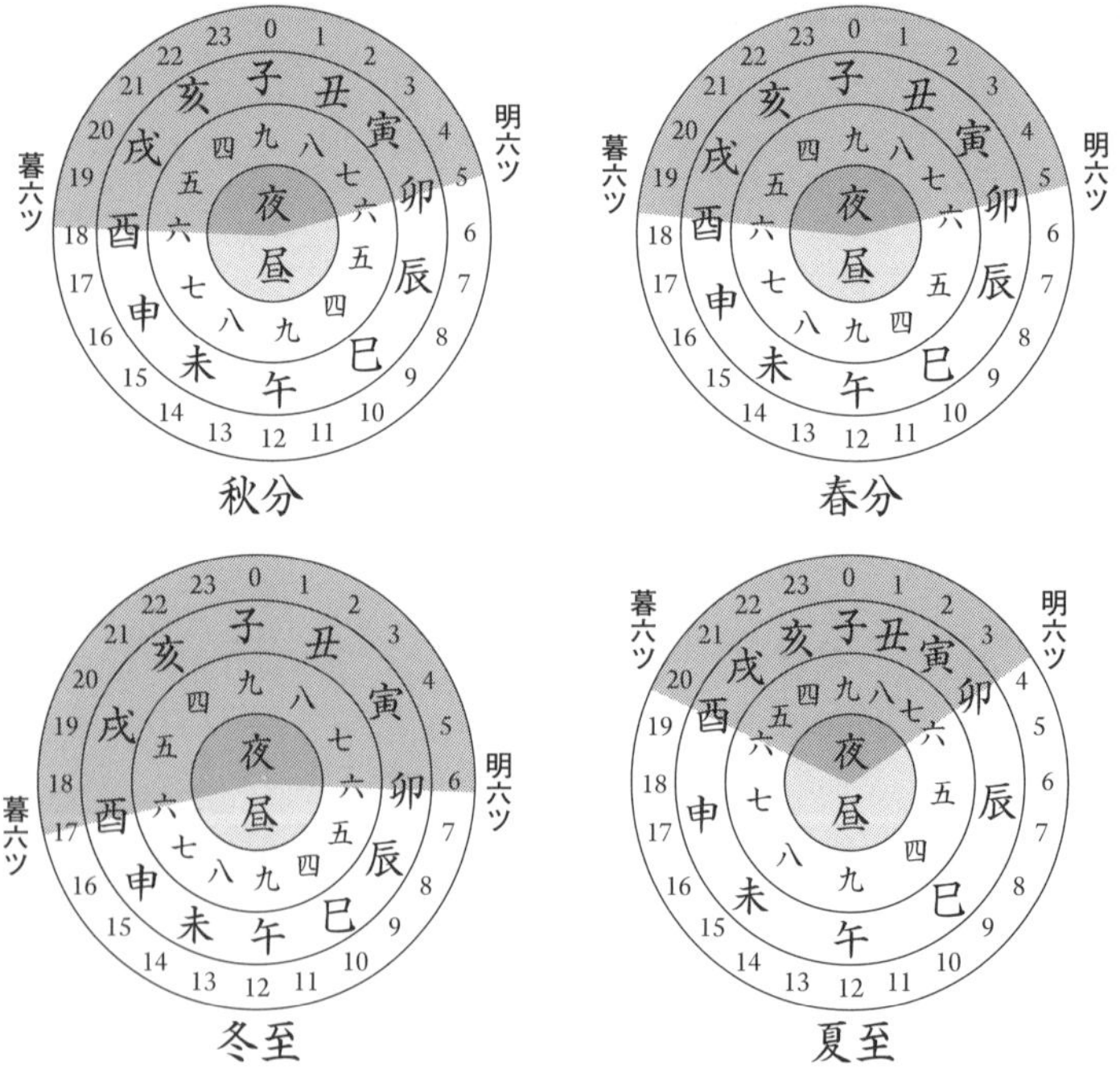

明六ツ、暮六ツの時間は、東京の二〇一五年の春分、夏至、秋分、冬至の夜明け、日暮れの時刻を参照

(注)日本時計協会HPをもとに作図

絶対時間を決めてスケジュールを組み、大量にエネルギーを消費して活動する現代人とちがい、自然の恵みをこえた生活をおこなわない江戸の人びとには、太陽の運行に合わせた不定時法がとても理にかなっていました。

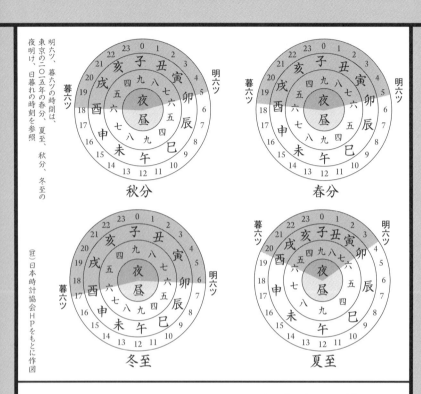

第二章

お気楽江戸生活のコツ

不便さも慣れれば楽しい江戸暮らし

江戸には電気もガスもありません。スイッチひとつで照明がつき、快適な温度が保たれ、調理まで自動でやってくれるなんてことは、もちろん望めないです。江戸っ子の自慢に「水道の水で産湯をつかい」というのがありますが、この水道だって地中に樋《とい》を伝わせて井戸で汲み上げるものですから、蛇口から水がジャージャー出てくるわけではありません。

現代とくらべて不便なことばかり、というよりも、まるでサバイバル状態におかれたような日常にとまどいすら覚えるでしょう。でも大丈夫。江戸は大都会ですから、たとえ独り者であろうとも、都市生活者がうまいこと暮らしていけるように、いろいろと工夫された生活道具が揃っています。それらを使いこなせば江戸生活をゆるく過ごしていけます。

何事も慣れが大切です。慣れてくれば面倒に思える家事だって、むしろ楽しくできる。それも江戸移住の魅力といえるでしょう。

家財道具いろいろ

九尺二間の裏長屋の内部はこのようになっています。これはしっかりした堅気の所帯という感じでしょうか。家財道具には現代もつかわれているものもありますが、なかには何の道具か

見当もつかないものもあるでしょう。

①行李《こうり》　柳行李といって柳で編んだ長方形の入れ物です。通風性がよく、カビを防ぐので衣類や小物類などを入れておくのに重宝します。

②枕屏風　裏店には押入れがないので布団隠しにつかいます。また就寝時に枕もとに立てれば、すきま風よけにもなります。

③箪笥《たんす》　和箪笥は江戸時代初期にうまれました。最初は車長持という家財一切を詰めこんで運べる車輪のついた箱でしたが、大火で延焼の原因となったことから、物を分類収納して、いざというときに必要な物だけを引き出しごとに持っていける形の箪笥となりました。

④行灯《あんどん》　江戸時代に広くつかわれた照明器具です。障子紙を張った木枠のなかに油を入れた小皿を置き、灯心《とうしん》を浸して点火します。よくつかわれる菜種油は高価なので、貧乏人は安い魚油ですませますが、これは臭くて煤がひどく、おまけに暗いのを我慢しなければなりません。油は油売りから買います。その際、器に油を流し込むのに時間がかかるので、「油を売る」ということばがうまれました。灯心売りもきます。灯心草といわれるイグサ科の植物のずいからつくったもので、安く買えました。

⑤米櫃《こめびつ》とお櫃《ひつ》　米櫃は白米が湿気でカビない工夫がされています。米っ食いの江戸人には必需品でした。お櫃は炊きたてのご飯から余分な水分を吸い、冷や飯になると保湿してくれる優れもので、これも必需品です。江戸のお櫃は桶よりひと回り大きい「かぶせ蓋」ですが、上方は取っ手つきの平たい「のせ蓋」がつかわれました。

⑥長火鉢　これも江戸生活に欠かせません。暖房器具ですが、とても機能的にできています。火鉢のなかに五徳《ごとく》をしいて鉄瓶で湯を沸かせるし、銅壺《どうこ》でお燗もつけられます。引き出しに煙草や浅草海苔を入れておくと湿気ません。横の台のところは、あたたかくて猫の居場所になったので「猫板《ねこいた》」といいました。

長火鉢

⑦**火打ち箱** 火をおこすための火打ち鎌《がま》（火打金《がね》）、火打ち石、火口《ほくち》、付け木の入った木箱。火口と付け木は消耗品なので、付け木売りから買って補充します。

⑧**神棚** どの家でも神棚にお伊勢さまなどのお札を飾って家の守り神としました。

⑨**竈**《へっつい》 煮炊きをするかまど（いまでいうコンロ）です。焚き口は普通の家では三つ、商家など大人数の家では五つ口や九つ口なんて大型もありますが、裏店の小さな土間ではふた口竈《べっつい》がつかわれました。炊飯用の一升釜、三升釜や蒸し物につかう五升釜など、釜の大きさに合わせて鍔《つば》（鉄の輪）を置きます。つかいやすい高さに木製の台をあつらえて乗せました。煮炊きに薪を燃やすので、渋団扇と火吹き竹は必須です。

⑩**七輪**《しちりん》 小型の煮炊き用具。つかう木炭が一回七厘（一厘＝百分の一文。貨幣はなく計算上の単位）で済むので、江戸では「七厘」と呼ばれました。魚を焼いたりしますが、竈のない家では米炊きから煮炊きまで、何にでもつかいます。町を煮売屋が売り歩くようになったのも七輪が発明されたおかげでした。

⑪**箱膳** なかに茶碗・小皿・箸などが入っていて、蓋をひっくり返すとお膳になります。江戸では一人ずつ別々の箱膳でご飯を食べました。家族がちゃぶ台を囲む食事は明治になってからのものです。

⑫**流し** 木製の箱に盥《たらい》などを置きます、まな板を渡して調理スペースになりました。

⑬**水がめと水桶** 水は共同井戸から水桶でくんで、水がめに溜めてつかいます。

⑭**荒神様**《こうじんさま》 火防《ひぶせ》の神様である秋葉権現のお札を飾ります。

⑮**天窓と無双《むそう》**　天窓は引き窓になっていて、明かりとりと換気の役目をします。戸の上にしつらえた無双は左右に開く板格子で、煮炊きの煙出しになりました。

⑯**腰高障子**　これはドアのかわりで、雨がふっても障子がぬれないように腰板を十寸（三〇センチくらい）程度の高さにしつらえました。障子の表側には表札がわりに商売や名前が書かれたりします。

江戸の生活を身につける

現代とはずいぶんとちがう江戸の生活スタイルをまとめました。まずこれだけ知っておけば、江戸に行っても困らないはずです。

水をつかう

毎朝、手桶をもって外の共同井戸まで水をくみに行きます。井戸のところにある竹竿の桶ですくい上げたら手桶にくんで、家の台所の水がめに移します。江戸では朝の水くみは子供の役目ですが、大人も面倒がらずにやりましょう。水は飲用から煮炊き、食器洗いまでまかなう大切なものです。でも、水がめはいっぱいにしない方がよいでしょう。とくに夏は水が腐りやすいので、たえず変えるように心がけます。

ところで江戸では「水はほとんど捨てない」ことを頭においてください。台所の流しには排水口がついていません。たくさん流すほどの水をつかわないからです。手や顔を洗うのも食器を洗うときも、流しにたらいを置いて、水がめから柄杓《ひしゃく》で水を張っておこない、余り水は路地の草木にまいたり、夏は打ち水につかったりします。江戸では水を大切にあつかいました。水道の蛇口から、それこそ「湯水のように」水を流している私たちは江戸へ行ったときには気をつけなければなりません。

歯を磨く

歯磨きには房楊枝《ふさようじ》というものをつかいます。これは柳の小枝を煮たもので、先端をつぶしてブラシ状にします。粗塩《あらじお》で磨いてもいいですが、江戸っ子はかならず歯磨き粉をつかい、歯が白いことを自慢にしました。歯磨き粉は研磨用の房州砂《ぼうしゅうずな》に丁字《ちょうじ》(クローブ)や桂心《けいしん》(シナモン)などの香料を加えたもので、神社の境内で売られたり、歯磨き売りが来たりします。専門店まであって百種類もの商品が並んでいますから、よりどりみどりです。

火を起こす

マッチもライターもない江戸では、石と金を打ち合わせて火を起こします。ちょっと難しそうですが、これは必要な技能なので、ぜひ覚えましょう。

火打ち箱のなかには火起こし四点セットが入っています。板にハガネのついたものが火打ち鎌で、平たい石が火打ち石。ふたつを打ち合わせるとパッと火花が飛びます。これを「切り火を切る」といい、身を清めるまじないとされました。よく戸口で「いってらっしゃい」とやるあれです。次に黒い屑を丸めたような火口《ほくち》は、ガマの穂や綿を墨などで着色したもので、火花がこれに着火します。それから五寸ほどの薄い木っ端が付け木。松をはがして切り、硫黄をぬっ

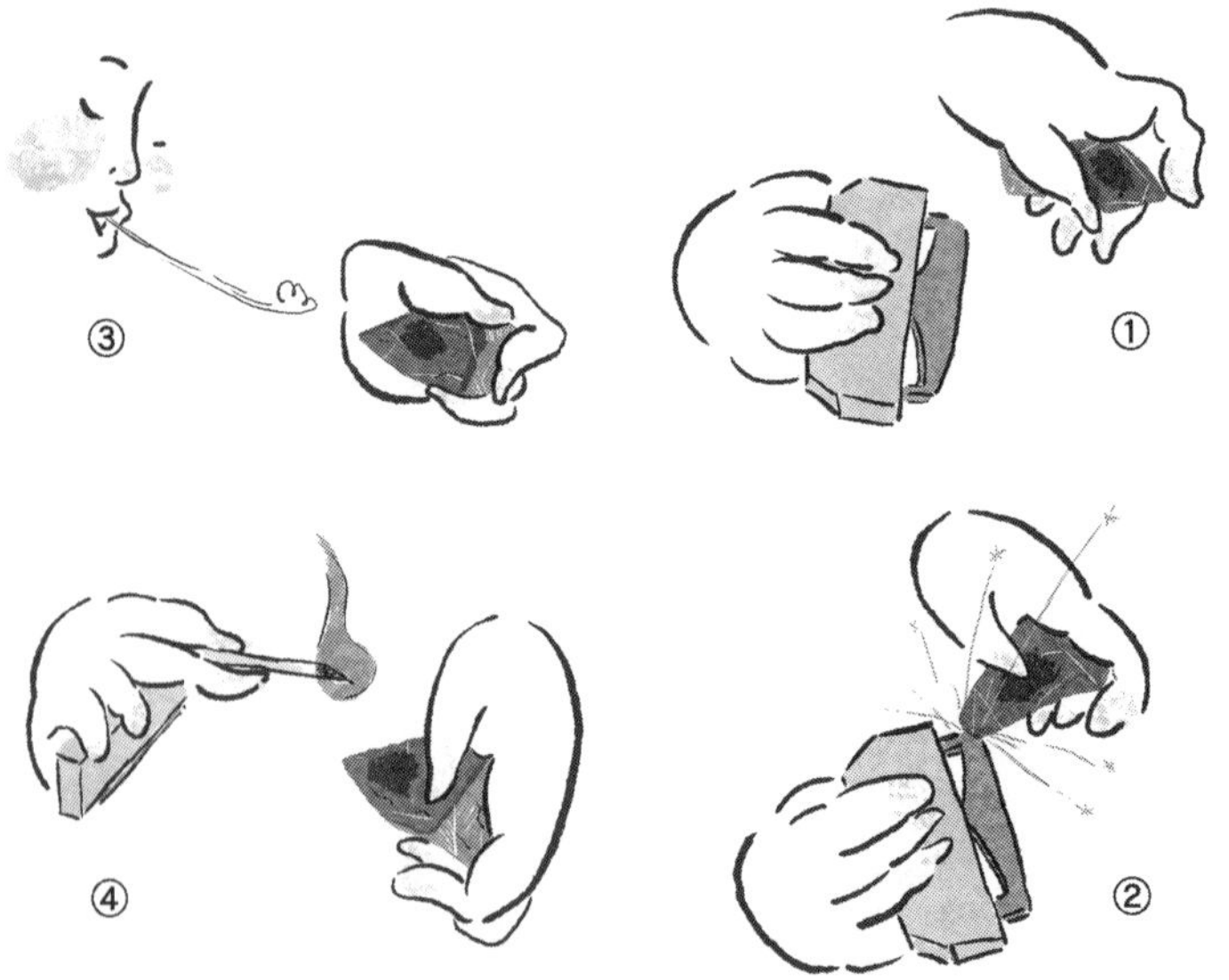

て乾かしたもので、これがマッチ棒の役目を果たします。

　では四点セットをつかって火を起こしてみましょう。まず火打ち石の上に親指の先ほどの火口を乗せて、軽く指でおさえて持ちます（①）。次に火打ち鎌を火打ち石にカチカチと打ちつけて火花を飛ばします（②）。火花が火口に移ったら（煙が立つ）、やさしく息を吹きかけて火種（赤くくすぶる）をつくります（③）。火種に付け木を当てると、ほどなく発火（④）。あとは行灯や竈の薪に火を移します。

　江戸の人は三十秒ほどで火を起こします。でも毎回これをやるのは、さすがに面倒なので、普段は灰のなかに火種を入れておきました。もちろん夜には火の用心に消します。

ご飯を炊く

江戸では毎朝一日分の米をいっぺんに炊きます。米の飯を好きなだけ食べられるのが江戸っ子の自慢ですから、おかずは貧弱でも米はたらふく食べました。一日五合を食べて一人前。一合飯（丼二杯ほど）しか食べないと「半人前」あつかいされてしまいます。

米は二合半枡で量るのが普通で、これに二杯を一日分として米とぎ桶に入れたら井戸端へ向かいましょう。精米が現代よりもゆるいのでよくとぎます。手の平でザッザッザッザとリズミカルに押し回し、三、四回流します。次に羽釜《はがま》に米を移すのですが、まず米を手にすくって分量をみます。そのあと水を手にすくって米の分量よりもやや多目に釜に入れると、ちょうどよい水加減です。

炊き方は「はじめチョロチョロ、中パッパ、ジュウジュウ吹いたら火を引いて、赤子泣くともふたとるな」の文句通りにおこないます。薪にゆっくり火を入れる。これが「はじめチョロチョロ」になります。火が通ったら、次は「中パッパ」。強火で炊き上げるため火吹き竹で吹きます。「ジュウジュウ」と吹きこぼれてきたら、火を引いて弱火にして約十分。そのあと火を消して十五分ほど蒸らせばできあがりです。最初はおこげをつくるかもしれませんが、次第にコツをつかめるでしょう。

ともかく朝は炊きたてが食べられるのがうれしい。あたたかいご飯と味噌汁と香の物で朝食をいただきます。昼食は冷や飯ですが、焼き魚などがついてちょっと豪華に。夕食は冷や飯を茶漬けでさらっと済ませる、というのが江戸の三度の食事です。上方では米を昼に炊きました。朝食は冷や飯に前日の菜の残りを混ぜて茶粥《ちゃがゆ》にし、昼食は炊きたてに味噌汁、魚や煮物を食べ、夕食は冷や飯で茶漬けが京阪の食事です。

洗う 炊事のあと、竈の下に灰がたまりますが、これは捨てないでください。水に溶かした上澄みの灰汁《あく》が台所洗いの洗剤になります（さらにあまった分は「灰買い〈竈塗り〉」に売ることができました）。食器は手や布でこすり、鍋や釜は糸瓜《へちま》や藁《わら》でこすりましょう。江戸では油汚れが出ないので、かんたんに洗い落とせます。

洗濯は井戸端でやります。単物《ひとえもの》は手洗いできますが、袷《あわせ》となると糸を解《ほど》いて布に戻し、洗い板に張って乾かしてから仕立て直すという大変な作業となります。それで着物は着たきり雀となるわけですが、下着類（女性の腰巻、男性のふんどし）は週に一、二回くらい洗いましょう。ムクロジやサイカチの皮や実を煮詰めると泡立つので、洗剤がわりにつかいます。なければ灰汁でもかまいません。盥《たらい》に入れて洗濯板でゴシゴシします。でも近所のおかみさん連中に囲まれてふんどしの洗濯はちょっと……という殿方には損料屋《そんりょうや》という手があります。損料屋は何でも貸し出す、いまでいうレンタルショップ。そこの主力商品がふんどしレンタルで、江戸っ子はよく利用しました。四、五日締めてもって行くとあたらしいのと交換してくれますから、自分で洗濯する必要はありません。それに新品の六尺ふんどしは一本二百五十文（五千円くらい）もします。とはいえ損料だって一回六十文ですから四回も借りれば新品が買えてしまう。ここは迷うところです。

用を足す　長屋の共同便所で用を足します。トイレットペーパーなど備えていませんから、かならず浅草紙を持参しましょう。浅草紙は質の悪い再生紙ですが、ふんだんに紙をつかえるのは江戸が大都会だからです。それでも一枚一文しますから、鼻をかんだ紙は捨てずに溜めておいて紙屑屋に売りました。

〽尻を拭くその紙の名の浅草寺ィ～　鼻の先には仁王門～

と江戸のはやり唄を鼻歌に外に出ると、共同便所は踏み板を渡しただけの簡単なつくりで、扉も下半分しかありません。これでは誰が入っているのか丸見えですが……まあ、これは慣れるとしましょう。共同便所に溜まったものは「下肥《しもごえ》」として近郊農家の貴重な肥料となります。「肥えとろう、肥えとろう」と業者がくみ取りにきて、ひと樽二十五文で買い取りました。この下肥料が大家さんの貴重な収入源となります。

ちなみに下肥料にはランクがありました。一番が「きんばん」（御城の家臣である勤番者の意）で、御城や大名屋敷からのくみ取りは「いい物を食っている」から最もランクです。二番は「つじごえ」で、辻便所いわゆる公衆便所からのくみ取り。三番が「まちごえ」。これが長屋など町方の便所です。最もランクの低い「おやしき」は牢屋の便所で、罪人のものは価値が低いとされました。

辻便所は人出の多い場所にあり、祭礼などに臨時設置されることもあった。いきむ侍と鼻をつまむ供の者。壁には相合傘の落書きが見える。「北斎漫画」（国立国会図書館蔵）

煙草を吸う

江戸では老若男女問わず煙草を嗜《たしな》みます。何しろ安価な嗜好品で、屋台店では八文で買えるし、刻みがたいへんに細かく（髪の毛くらい）口当たりがやわらかいので、誰もがプカプカしました。禁煙の行き届いた現代で肩身の狭い思いをしている愛煙家にとっては朗報かもしれません。江戸へ行ったら大っぴらに吸えますよ。

　雁首《がんくび》の先の火皿《ひざら》に刻み煙草を軽くつめて、火鉢などに近づけて火をつけます。ひと口かふた口すったら、火玉が踊らないうちに、羅宇《らう》のところを逆さにもって、火鉢の縁などで軽くはたきましょう。外出先には携帯用の煙草入れが一種のおしゃれで、いつでも煙管を取り出すと、火付袋の火種からそのつど火をつけます。職人さんなどは、一服したら火玉をポンと手のひらに転がし、もう一方の手で素早く煙管に煙草をつめて、手のなかの火玉で二服目をつけるなんて芸当もお手のものでした。

髪を洗う

江戸生活で厄介なのが洗髪です。湯屋では洗髪禁止ですし、いちど髷《まげ》を解くと結い直すのもひと苦労です。男なら数日にいちど髪結床へ行きますが、女髪結は値段が高いため、女性は家で洗髪して自分で結い直しました。ところが女性の日本髪を洗うのは半日がかりの大仕事です。

まず鬢付油《びんつけあぶら》で固められた髪をほどき、櫛でたんねんに梳《す》いて髪の汚れやフケを落とします。シャンプーのかわりに布海苔《ふのり》をお湯で溶いたものが、汚れや臭いを落としてくれます。熱いうちに髪をよくもみ洗いしましょう。それから水で流して自然の風で乾かしつつ、櫛でしっかりとブラッシングしていきます。

このあとさらに結い直すのにひと苦労ですから、洗髪はせいぜい十日にいちどできればよい方でした。

男性なら総髪（ポニーテイルのような髪型）をおすすめしたいところです。これなら後ろを元結《もっとい》で結ぶだけなので、あまり床屋へ行かなくてもすむし、たびたび髪を洗うのも、さほど面倒ではないと思います。

就寝する

江戸で蒲団《ふとん》といえば敷き蒲団のことです。庶民がつかうのは綿がほとんど入っていないせんべい蒲団で、これはずいぶん固く感じることでしょう。夏になると寝茣蓙《ねござ》を上に敷いて汗をとりました。また戸を開けっぱなしにするため蚊よけの蚊帳《かや》が必需品になります。麻の蚊帳は高級品で、たいてい木綿の蚊帳をつかいます。紙製の安物もありますが、風通しがとても悪いので暑くて仕方がない。逆に防寒用につかわれたりしました。

一方、掛け蒲団は江戸にはありません。上方では江戸中期より掛け蒲団がつかわれますが、江戸ではもっぱら夜着《よぎ》という、大きな着物のなかにたっぷりと綿のつまったものを掛けて蒲団がわりに用います。これに昼間着ていた肌着のまま、すっぽりくるまって寝ました。夏には小さくて綿の少ない薄手の掻巻《かいまき》をかぶります。夜着の買えない貧乏人は着物にくるまって寝たので、「寝巻《ねまき》(寝間着)」ということばがうまれました。

枕は綿や蕎麦殻《そばから》をつめた布袋を木枕にくくりつけた箱枕《はこまくら》が一般的です。髷を崩さない工夫からこうしたかたちになりました。髪油で汚れないように、枕あて紙を巻いてつかいます。

江戸の人にきいてみよう（二）

かんたん江戸料理

橋場にお住まいの元料理人 **田助**さん

江戸においでになったときにお困りにならぬよう、何か料理の仕方をご案内しろというのでございますね。合点がまいりました。ではこちらでよく食されている、さほど手をかけずにできるものをいくつかご紹介しましょう。

八杯《はちはい》豆腐

江戸ではおなじみの豆腐料理。水六杯、酒一杯、醤油一杯で煮ることから八杯豆腐の名がついたとも、これでご飯が八杯いただけるとも申します。

小鍋に水（出汁ならなおよい）六杯と酒一杯を入れて火にかける。よく沸いたら醤油一杯を加えてひと煮立ち。拍子木に切った豆腐を入れたら、火を引いて弱火にする。豆腐がよく温まったところで薄葛をひく。器に移したら大根おろしを添えてできあがり。

［材料］
木綿豆腐一丁、
水（出汁）一カップ
酒大さじ二、
醤油大さじ二
大根おろし適量

雷豆腐

豆腐料理をもうひとつ。これもまたかんたんにつくれます。豆腐を油に入れたときに雷のような音がいたしますから、びっくりなさらないように。

鍋に胡麻油をひいてよく熱する。豆腐をくずし入れて炒める。油が回ったら醤油を入れ、葱を加えて軽く混ぜる。器に移して千切りにした山葵と大根おろしを添える。

［材料］
木綿豆腐一丁
長ねぎ一本
本山葵二分の一
ごま油大さじ一
醤油大さじ二
大根おろし適量

まぐろから汁

江戸では居酒屋の定番にございます。まぐろだけで煮るので空汁《からじる》。すなわち、まぐろの味噌汁なり。まぐろは脂っこいようで、これが意外にさっぱりといただけましょう。

鍋に湯を熱したら、薄切りにしたまぐろを入れる。火が通ったら、味噌を加える。味噌は多目に入れて辛汁《からじる》とした方が美味い。七味や山椒をかけていただく。

［材料］
まぐろ
一〇〇〜一五〇グラム
味噌大さじ二・五
水二・五カップ

たまごふわふわ

上品な料理屋で出てまいります。卵があれば家でもつくれましょう。

煎り酒は、酒と梅干と鰹節を煮詰めたもので、醤油のできる以前に重宝された調味料でございます。

器に卵をよく解き、卵のかさの三分の一ほどの出汁、たまり、煎り酒をくわえて、鍋でよく蒸す。固くなりすぎないよう頃合いをはかる。

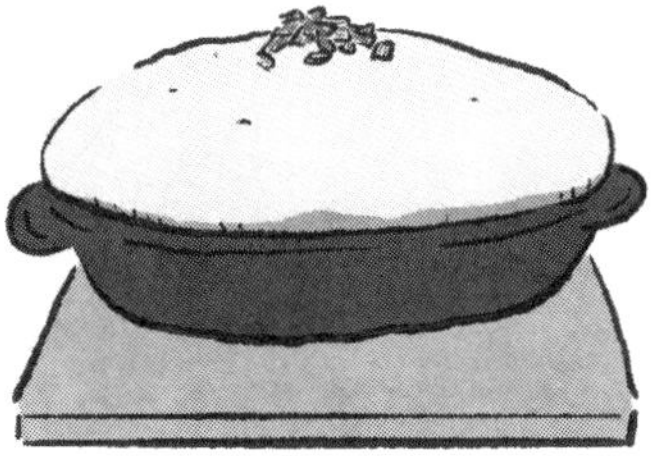

［材料］
卵一個
出汁一二〇cc
煎り酒小さじ一
たまり醤油小さじ少々

剥き身切干し

朝、剥《む》き身売りを呼びとめて買えば、さっとつくれる便利なひと品でございます。あさりのかわりに赤貝や蛤《はまぐり》で少し豪勢にするのもよろしかろう。

切干し大根は水につけてよく戻しておく。あさりを鍋でゆでたら身を取り出す。煮汁に切ってしぼった切干し大根を入れて煮立てる。味醂、醤油を加えて、あさりの身を戻したら軽く煮る。

［材料］
あさり剥き身
切干し大根適量
味噌大さじ一
醤油大さじ一

おぼろ大根葛かけ

大根をつかった蒸し物をつくってみます。摺りつぶした大根が餅のような口あたりとなります。とろりと醤油餡をかけていただきましょう。

皮をむいた大根を薄切りにして蒸す。蒸し上がったらすり鉢でよく摺りつぶす。それに葛粉と寒ざらし粉を入れてさらに摺る。茶碗に移してまた蒸す。器に入れて、別につくっておいた醤油餡をかけて、おろし生姜をちょっと添える。

［材料］
大根一二〇グラム
片栗粉大さじ三
白玉粉大さじ三
出汁・醤油・
生姜適量

そちらの世界でもつくれるように、お前さま方の量り方を書いておきましたから、江戸へいらっしゃる前に予行演習でおつくりなさるとよろしゅうございます。

江戸移住のための買物独《ひと》案内《り》

江戸ではお金でできる贅沢はそう多くはありません。元禄の頃（一六八八―一七〇四）は分限者《ぶげんもの》（金持ち）が幅を利かしましたが、それから百年ほど経た文化文政の頃（一八〇四―三二）になると、中産階級が広がって、教養文化を身につけた庶民が豊かな精神生活を求めるようになります。それだけ社会が成熟していたといえますが、そこには当時の都市生活ならではの事情もありました。

しばしば火災に見舞われる江戸では、生涯にいちどくらい被災したことでしょう。立派な家財を揃えても、灰にしては何にもなりません。物欲があまりないのはそのためです。生活道具も毎度新品を買わずに、鍋釜茶碗にいたるまで何度も直してつかいました。食料品はその日に食べる分だけ買います。冷蔵庫もないから物が傷まないための習慣でした。江戸ではその日暮らしが理にかなったものだったのです。

江戸の生活は現代から見ると、とてもつつましいものです。しかしそれは貧しさというよりも、江戸の人びとが現代とちがう価値観で生きていた証ではないでしょうか。皆さんが江戸で何かを買う（あるいは売る）ときに、それをお感じになると思います。

路地裏がコンビニ

江戸では生活に必要なたいていの物は、わざわざ店に足を運ばなくても、向こうからやってきます。家の前に立っていると、行商人がかわるがわる路地に入ってきて、さまざまな物を売るのに驚かれるかもしれません。食料品や雑貨はもちろん、菓子、玩具、煙草、苗、鉢植え、金魚、貸本、お札、さらには木くずまで、あらゆる物が居ながらにして手に入ってしまう。まるで自分の家にコンビニエンスストアがあるようなものです。

行商人は荷を担いで売り歩き、多くは天秤棒で振売りするので棒手振《ぼてふり》と呼ばれました。江戸では荷車の通行は制限されたので、車を引いて売る商人はいません。彼らは毎日決まった時間に売りに来るから、物売りの声をきいて何時《なんどき》だな、と分かります。時計を持たない江戸の人びとにとって行商人の売り声が時報がわりでした――。

早朝、おかみさんたちは**浅蜊《あさり》売り**の声に目を覚まします。

むき身売り。声を張って貝を売る子供。式亭三馬「浮世床」より
（国立国会図書館蔵）

「あさりからいり、はまぐりからいり」と、天秤の前後に振り分けた笊《ざる》に朝獲りの貝をのせて、枡《ます》で量《はか》り売りしました。浅蜊、蛤《はまぐり》のほか蜆《しじみ》や馬鹿貝《ばかがい》（アオヤギ）猿頬《さるぼお》（アカガイに似た貝）なども売ります。貝類が豊富に獲れる深川では、漁師の子が売り歩くしきたりでした。それで浅蜊売りは子供が多いようです。「あさりむきみん」の売り声は剥き身売りで、こちらはすぐに調理できるように浅蜊や蛤の殻を剥いて下ごしらえをした状態で売りました。

豆腐売りは朝昼夕と三回きました。あの♪プ〜（変ホ音）パ〜（ヘ音）というラッパは明治の日露戦争後のもので、江戸では「とう〜ふぃ〜」とのんびりした声で回ります。盤台に豆腐をのせ、必要に応じて包丁で切り売りしてくれました。前荷に豆腐をかたどった白い四角の箱が目じるしに置いてあって、なかには生《なま》揚《あげ》やがんもどきが入っています。

「なっと、なっとぉ〜、みそまめ」納豆売りは室《むろ》から出したばかりの納豆を笊《ざる》で売りました。藁苞《わらづと》納豆ができるのは明治三年（一八七〇）で、江戸では丼をもって出て行き、欲しいだけ量り売りしてもらいます。また、粒の納豆を好むようになったのは文政の頃（一八一八―三二）で、それ以前はもっぱら叩き納豆でした。これは細かくした納豆に豆腐や菜、薬味を混ぜたもので、味噌に溶けばすぐに納豆汁ができる優れものです。

　朝食はご飯と味噌汁に漬物と質素ですが、味噌汁は具だくさんで、最低でも二品の実が入ります。江戸では「医者に金を払うよりも味噌屋に払え」というほど、朝の味噌汁を大切にしましたから、朝はまず味噌汁の具材となる物売りがきました。

八百屋は天秤棒の真ん中に息杖をかけて荷を下ろした。「守貞漫稿」（国立国会図書館蔵）

　野菜売りには二種類あります。大根、ねぎ、蕪《かぶ》など旬の菜をいろいろ商うのは八百屋で、重ねた籠に野菜を入れ、天秤に縄を輪にして息杖《いきづえ》をかけて吊りました。一方、大根売り、南瓜屋など一種類の商いは前菜売りといいます。大根の売り声は「でぇーこ、でぇーこ」となまるのが特徴でした。

　さて、朝ご飯も済んで亭主を仕事に、子供を手習いに送り出し、おかみさん連中は井戸端で洗濯などしなが

ら世間話に花を咲かせているところへ魚屋がきます。盤台には河岸で仕入れた魚と包丁、まな板が乗っていて、その場でさばいてくれました。「うちにも片身おくれよ」魚屋をかこんで人だかりができます。魚屋のことを「**ボテイ**」と呼びました。ボテイは自分のお得意をもって回る者もいるし、通りや長屋を流し歩く者もいます。また季節ごとに売る魚も変わって、夏の夕方には「あじぃ、あじ」と鯵《あじ》売りの声が町に響きます。晩酌の肴にはうってつけでしょう。「え、いわしこぃ、え、いわしこぃ」鰯《いわし》売りは小判型の笊に生鰯を入れてきました。シコイワシというものです。江戸の人びとがいちばん食べた魚が鰯で、とくにメザシは安くて保存も利くために人気がありました。こちらはカタクチイワシやウルメイワシの目と顎《あご》に藁《わら》を通して、何匹かまとめて乾燥させたもので、乾魚《ひうお》売りから買います。

卵売りは「たまご、た〜まご」とふた声できます。生卵売りと茹玉子売りがありますが、長屋にくるの

ボテイは
お客の注文によって
魚をさばいてくれる。
「江戸年中風俗之絵」
(国立国会図書館蔵)

飴売り。唐人飴売りの楽しげな踊りに子供たちは大はしゃぎ。「英一蝶画譜」（国立国会図書館蔵）

は生卵売りでしょう。手にとって日にかざすと、すきとおっているのが新鮮で、黒ずんでいたら古いから買わない。昔はそんなふうに見分けました。

新鮮ないわしと卵が買えたので、お昼は焼き魚に「たまごふわふわ」を添えましょう。江戸の昼食は冷や飯ですが、おかずは一日のうちでいちばん豪華でした。

午後はおやつを当て込んだ菓子などの物売りがきます。飴《あめ》売りは恰好も売り声もいろいろですが、たいてい鉦《かね》や三味線で賑やかに売りました。なかでも奇抜なのが**唐人飴売り**です。唐人風の服装で唐人笛《チャルメラ》を吹きながら、出鱈目な踊りで子供たちをよろこばせました。

鮓《すし》売りもやってきます。とくに春先のこはだ売りは、桶に鮓を入れた箱を何段にも重ねて肩に乗せた若者が「こはだのすぅ〜」とよい声をきかせます。江戸では粋な商売の代名詞でした。

いつもなら夕食は茶漬けで済ませますが、きょうは鮓を買ったので、これが夕食がわりです。暮六ツの鐘が鳴り、界隈が宵闇につつまれると、町には早々と煮売りの声が響いてきました。

「おしょうがつぁ、しるこぅ」汁粉屋はたいてい赤行灯に「正月」と書き入れたので俗に正月屋と呼ばれました。正月とは餅のことで、つぶした餡に焼き餅が入って十六文です。汁粉の荷売りは古くからあり、のちに店構えの汁粉屋もできました。そちらでは、こし餡の善哉《ぜんざい》、小豆の入った田舎汁粉などメニューも豊富ですが、値段は高めです。

「おでんかんざけ、あまいとからい」おでんは田楽です。普通は蒟蒻《こんにゃく》に味噌を塗って焼きますが、江戸では茹でた蒟蒻と里芋に甘味噌、辛味噌のたれをつけたものでした。熱燗《あつかん》もいっしょに商うので上燗《じょうかん》おでん屋といいます。

「ごぜん、おとうふでござい」と売り歩くのは茶飯売りです。どういうわけかこの商売はお爺さんが多いようです。いまは醤

こはだ売り。
「坊主だまして還俗させて小肌のすしなど売らせたい」と都々逸にうたわれる粋な商売。
「江戸と東京風俗野史」
（国立国会図書館蔵）

油で炊いたものを茶飯といいますが、本来は茶の煎汁で炊き、蕪や大根の葉を刻んで混ぜました。これに餡かけ豆腐を添えて売ります。天保の頃（一八三一―四五）からは稲荷鮓《いなりずし》をいっしょに売る者も出ました。

「そば〜ぅ〜ぁ〜ぅ〜」江戸では蕎麦《そば》売りを夜鷹《よたか》蕎麦といいました。のちに屋台のしつらえを綺麗事にして、軒に風鈴を提げた風鈴蕎麦も登場します。行灯に「二八」と書かれるのは、蕎麦粉が八、つなぎの小麦粉が二の割合だからというものと値段が二八の十六文だからというふたつの説があります。

ひとつ四文の大福売りは籠のなかに火鉢を入れて鍋をかけ、温めながら売り歩きました。寒い夜にはありがたいもので、江戸っ子に大人気です。はじめは塩餡で、大きくて腹もちのよい腹太餅《はらぶともち》といったのを、明和八年（一七七一）に小石川のお玉という後家さんが砂糖餡入りの平たい大福餅として売り出して評判をとってから人気の餅菓子となりました。

また、生活必需品を商う物売りも一日中ひっきりなしにやってきます。

火起こし用の付け木売り。行灯用の油売りに灯心売り。

「たけやぁ、さおだけ、たけや、といだけ」竿竹《さおだけ》屋は雨どい用の樋竹《といだけ》もいっしょに売ります。七輪や焙烙《ほうろく》を商う土器《かわらけ》売り。「ざるやぁ、みそっこし」とやってくる笊《ざる》屋は箒《ほうき》やしゃもじに柄杓《ひしゃく》まで生活雑貨なんでもあつかいます。煙草売りは引き出しのついた箪笥に刻み煙草を入れてきました。銭緡《ぜにさし》売りなんてものもあります。緡《さし》とは一文銭、四文銭の穴に通して百文、二百文とまとめるのにつかう紐のことです。藁《わら》をよってつくりますが、これが武家の定火消人足、俗に臥煙《がえん》と呼ばれる人たちの内職になっていました。銭緡売りは臥煙に雇われた手先で、押し売り同然の商いをおこなうので困りものです。

　醤油売りは蓋つきの樽に縄をからげて売りにきます。瓶《かめ》に量って入れてもらいました。江戸では酒もいっしょに売る醤油売りもいます。「ぇしお、ぇしお」塩売りは天秤籠に塩を山盛りにして運んできます。塩はいちばん安い物で売り手も利は薄いのですが、元手もいらず、身体さえ達者なら誰でも手っ取り早くはじめられる商売でした。変わってい

笊屋は生活雑貨なんでもぶら下げて売りにくる。「守貞漫稿」（国立国会図書館蔵）

唐辛子売りは大きな張り子が看板。なかに七味の小袋が入っている。「江戸と東京風俗野史」（国立国会図書館蔵）

るのが**唐辛子売り**です。肩に大きな張子の唐辛子（なかに唐辛子の小袋が入っています）を提げて「とん〱とん〱、とんがらし。ひりりとからいがさんしょのこ《山椒粉》。すは〱からいがこしょうのこ《胡椒粉》、しちみとんがらし」と売り歩きました。

江戸時代中期から園芸ブームが起こり、猫のひたいほどの庭や路地端や家のなかにまで鉢植えを置いて楽しみます。ちょっとしたガーデニングでしょうか。大久保や駒込あたりには植木屋が多く、縁日などでも売られますが、わざわざ買いに出かけなくても、植木売りが平たい板に万年青《おもと》、朝顔、桜草などの鉢を乗せてきました。「なえやぁなえ、あさがおのなえやぁとうきびのなえ……」と苗だけ売る苗売りもしばしばやってきますが、今日はかわりに新道の小唄の師匠がうたっています。

〽浮世も義理も　みな捨てて　ぬしと二人で　侘び住まい
天秤棒を肩にかけ　茄子《なす》の苗や　胡瓜《きうり》の苗　隠元
ア、もし　豆の苗は　おっと承知だ（「苗売」二上り）

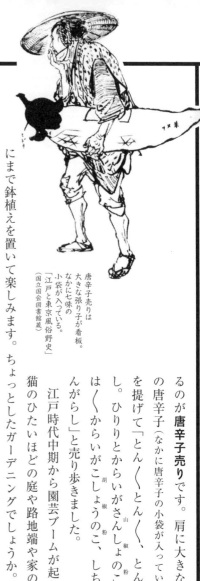

江戸の庶民は正月二日の晩に七福神の宝船の絵を枕の下にしいて寝た。
「守貞漫稿」（国立国会図書館蔵）

物売りはまた、季節を感じさせる風物詩でもありました。正月二日の夜に見る夢が初夢です。人びとはよい夢を見るために**七福神の絵**を枕の下にしいて眠りました。この絵を売り歩くのが宝船売りです。二月初午のお祭りでは、子供たちが狐の絵馬を持って、「お稲荷さんの御《ご》勧化《かんげ》十二銅」といいながら家々の前を回りました。どの家でも一文、二文とおこづかいを呉れます。この絵馬を売るのが絵馬売りで、「えまやぁ、がくや〳〵」と売り歩きました。太鼓売りも商売物の太鼓をドンドン打ち鳴らしながらやってきます。

青葉の季節には初鰹売りの声が響きます。「かつおーぅ」天明の頃（一七八一―八九）一本に二両の値がついた初鰹ものちに値崩れしました。それでも二分か、安くても一分ですから、初物好きの江戸っ子にとって、清水の舞台から飛びおりた気で買うかどうか、思案のしどころです。

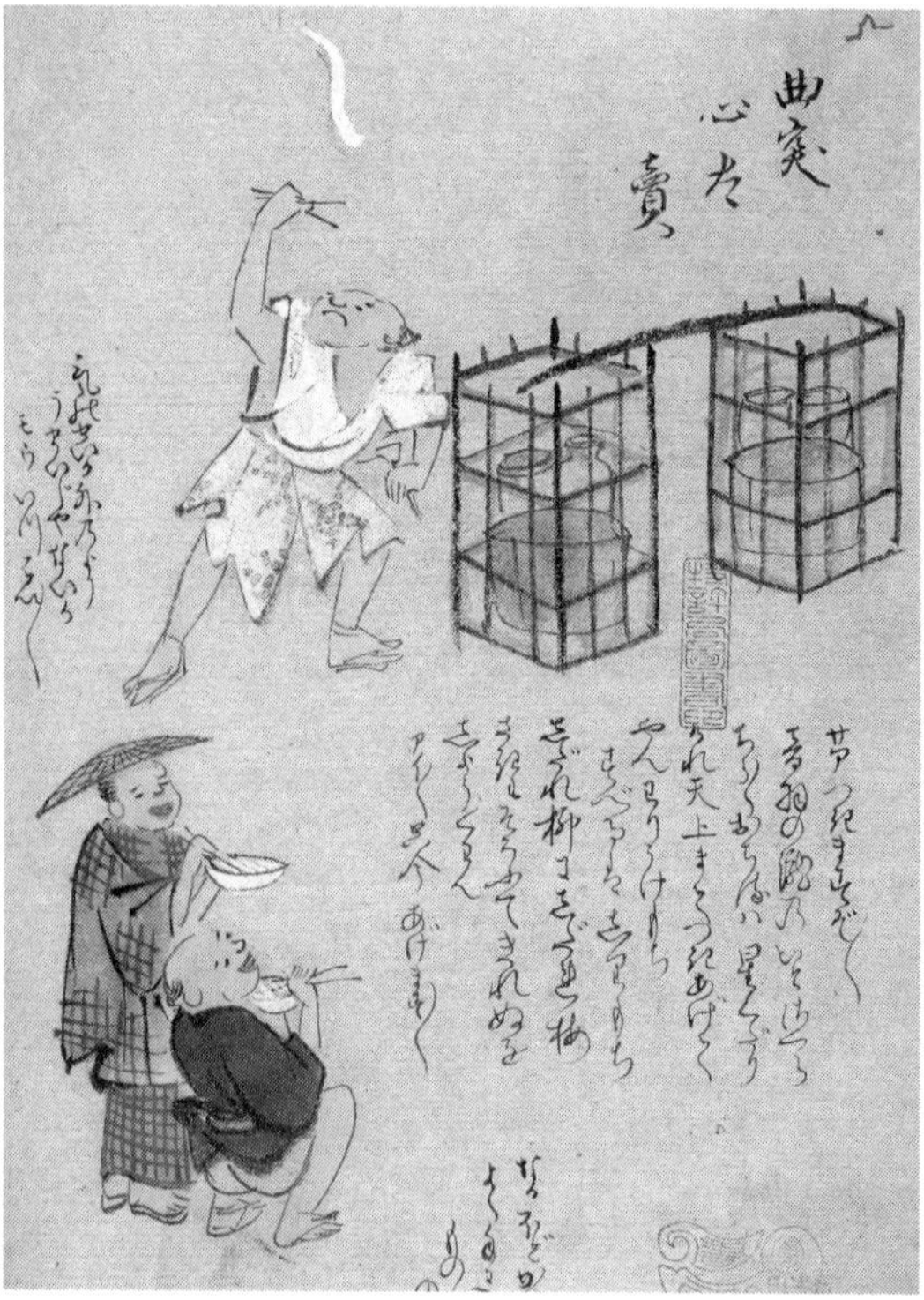

ところてん売り。宙に突き出したところてんを皿で受け止める。「近世流行商人狂哥絵図」（国立国会図書館蔵）

初鰹は鎌倉沖で獲れたものを押送船《おしょくり》（当時の高速船）で生きたまま夜明けの魚河岸に運びました。鮮度落ちの早い魚ですから、何とか昼までに売り切ってしまおうと鰹売りは足早に回ります。

夏には、**ところてん売り**が「ところてんや、てんや」とひと声半に呼んできました。曲突きでございと、宙に向かってところてんを突き出すと、それを見事に皿で受けます。砂糖か醤油でいただきましょう。黒い箱についた金具をカタカタ鳴らしてくる定斎屋《じょさいや》は暑さ負けの薬売りです。どんなに暑くても笠もかぶらずに売り歩きました。虫売りは鈴虫《すずむし》や松虫《まつむし》、蟋蟀《こおろぎ》などをおもしろい形の籠に入れて売ります。蛍などはもちろん夜売りにきました。

七夕には笹竹を飾り、盂蘭盆会《うらぼんえ》の精霊棚《しょうりょうだな》には篠竹《しのだけ》を飾ります。年末煤払いは先端に葉を残した清め竹、そして正月の竹飾りと、竹売りは年に四度、品を変えてあらわれます。年も押しつまると暦売りの登場です。月の大小、干支、方角などを縦長の紙に記した柱暦《はしらごよみ》を商いました。

何でもリサイクル

江戸では物を捨てることは、ほとんどありません。道具だって着物だって何度も直してつかいますし、もしもいらなくなっても、専門に引き取る業者がいました。真にリサイクル社会といえます。

茶碗や皿がこわれたら焼き継ぎ屋に直してもらいます。昔は瀬戸物を漆《うるし》で継いだので手間がかかりましたが、江戸中期から白玉粉で直す方法が伝わると焼き継ぎ屋はたいへんに重宝され、瀬戸物屋はあたらしいものが売れなくなって困ったといいます。

竈《へっつい》が怪我をする、なんていいます。毎日火をつかう竈はひびや割れがでました。江戸では竈を直して新年を迎える習慣があって、年末には中流以上の家では出入りの左官屋（さかん・しゃかん）に直してもらいます。裏店には竈塗《かまどぬ》りが回ってきて、その場で土を塗り、壊れたところを養生してくれました。

鍋釜など金物修理は鋳掛屋《いかけや》の仕事です。長い天秤棒に火を起こすための鞴《ふいご》と炉を提げてきて、穴をふさいでくれます。桶の輪がはずれたら、たが屋に頼みましょう。細長い竹のたがをうまく丸めてこわれた樽を修理してくれます。提灯が破れたら提灯張替え。屋号などの文字もあたらしく書いてくれるし、傘の張替えもお願いできます。行灯の破れは障子張替えが直してくれます。糊箱と障子紙箱を前後に背負って「しょうじのはそん《破損》〳〵、みな《皆》はって十文」と呼びながらきます。

足駄《あしだ》がすり減ったら下駄の歯入れ屋に取り替えてもらいます。雪駄《せった》は雪駄直し。江戸で直しといえば雪駄直しを指しました。「でいでい」という呼び声でやってきますが、あれは「手入れ、手入れ」といっています。

煙管《きせる》の雁首《がんくび》と吸口をつなぐ竹管を羅宇《らう》というのは、はじめは老檛国《らう》（ラオス）の竹をつかったからだといわれます。長さは八寸が多く、七寸のものを殿中といいました。この部分が古くなると羅宇屋に取り替えてもらいます。値段は八文。長いものだと十二文以上かかりました。

この時代の鏡は銅製で、つかっているうちに曇ってしまいます。そこで年にいちど鏡研ぎに磨いてもらいました。たいてい冬にやってきます。

こうして道具は何度も修理してつかいますが、もう修理できないほどつかえば処分しなければなりません。それでも捨てることはないでしょう。たいていの物は業者が買い取ってくれるからです。

紙屑買いは、中身の透けてみえる目籠《めかご》を天秤棒に担ってきます。これは怪しい物を隠してはならないと、お上から何度も触れが出されているためです。「くずぃ〜」とやってきて反古紙や帳面、さらにはつかった鼻紙まで買い取ってくれました。そればかりか古着、金物、道具類なんでも引き取ります。本当はそれぞれ専門の買い取り業者があつかうのが建前でしたが、どういうわけか紙屑買いが何でも買い取りました。紙類は目分量で、金物などは秤《はかり》で目方を量り、道具類には目利きもつかいます。それとは別に道端に落ちている屑は紙屑拾いが集めました。こちらは手拭いで頬かむりし、手に長い箸と目籠をもって歩き回ります。市中の屑はかれらの重要な収入ですから、江戸の町ではみだりに屑を拾ってはいけません。

「とっかえべ〳〵」といいながら飴を担ってくるのが取り替えべえの飴売りです。いらない古《ふる》金《がね》と飴を交換してくれました。この変てこな商売は、正徳の頃（一七一一―一六）浅草田原町に住む紀州生まれの紀伊国屋善右衛門という人が、同郷の僧から寺の釣鐘建立の助けをたのまれたときに、ふと金物と飴を交換したらどうかと思いたったのが、はじまりといいます。

「ふるぼね《古骨》はござい〳〵」と呼びながらくるのは古傘買い。紙が破れて古くなった傘を四文から十二文程度で買い取ってくれます。古傘買いはこれをていねいに直して再生させて売り、はがした古紙や折れた骨も紙屑買いに売りました。古椀買いはいらない茶碗類を買い取って、六斎市（朝市）などで売りさばきます。

こんなものまで買い取るのかという業者がいます。蝋が溶けてたれた部分は蝋燭《ろうそく》の流れ買いが買い取って再利用しました。当時、蝋燭は高級品ですから、おいそれと無駄にはしません。竈の灰まで灰買いがきて買ってくれます。化学製品のなかった時代に、灰は肥料や染料などにつかわれる貴重な資源となりました。家のなかに落ちた髪の毛を買い集める者もいます。「落ちはないかく〜」と呼び回ったので「おちゃない」といわれました。集めた髪の毛は髢《かもじ》（かつら）の材料になります。

町内をぐるり回ってみる

江戸では毎日さまざまな物売りがやってくるので、買物に出かけなくてもたいていまにあってしまいます。そのほかの必要なことも町内であらかた事足りるでしょう。ちょっと町内をひと回りして、表通りの施設や商売を見てみましょう。

裏木戸と町木戸

家を出ると路地の先には戸が開け放してあります。裏木戸とか長屋木戸といわれるもので、明六ツに開き、暮六ツには閉まりますから、外出の際は注意して下さい。もっとも、裏店の月番が戸締りをするので、それほど厳しくありません。次に述べる町木戸の閉まる夜四ツ（午後十時頃）までに帰れば大丈夫です。

裏木戸から表通りに出ると、つきあたりにもうひとつ黒塗りの木戸があります。これが町木戸で、町内の防犯のために一町区画ごとに設置されました。町木戸の両側には木戸番小屋と自身番屋がつくられています。

木戸番小屋には番太郎《ばんた》という者が住み込み、町木戸の開閉をおこないました。木戸は夜五ツ

（午後八時頃）に閉じて、夜四ツには錠をかけます。それ以降の通行は脇のくぐり戸を通しますが、そのとき通行の理由をたずね、かならず拍子木を打って次の町木戸に通行人が向かうことを知らせました。これを送り拍子といいます。ただし医者や産婆などは自由に通しました。そのほかに拍子木で時刻を知らせるとか、火の回りをすることも番太郎の仕事です。その手当は町会費から出ますが、雀の涙程度にしかなりません。若い時分にしくじって、もうやれることもないから番太郎にでも雇ってもらおうというような老人の仕事だからです。そこで副業として、木戸番小屋で草履、鼻紙、蝋燭などの日用品や子供相手の駄菓子――番太郎菓子といわれ、のちの駄菓子屋の元祖となりました――などを売ります。また夏には金魚、冬は焼き芋を売って繁盛するところもありました。

自身番屋は市中防犯につくられたもので、不審者を留置して取り調べをおこなう、交番のような役割がありました。もとは地主自身が勤めたので自身番屋の名がつきましたが、のちには大家や雇われ者が詰めるようになりました。大家の仕事である人別帳の整理もここでおこなうし、寄り合いがあれば集会所にもなります。屋根には火の見梯子があって、近所が火事のときは半鐘を鳴らして知らせました。

浮世床と浮世風呂

町内にかならず一軒はあるのが**髪結床**で、たいてい木戸のわきや橋のたもとに建っていました。二間間口には腰高障子の三枚もはまり、そこに描かれた絵は、海老なら「海老床」、達磨なら「だるま床」というように屋号をあらわします。障子をあけると三

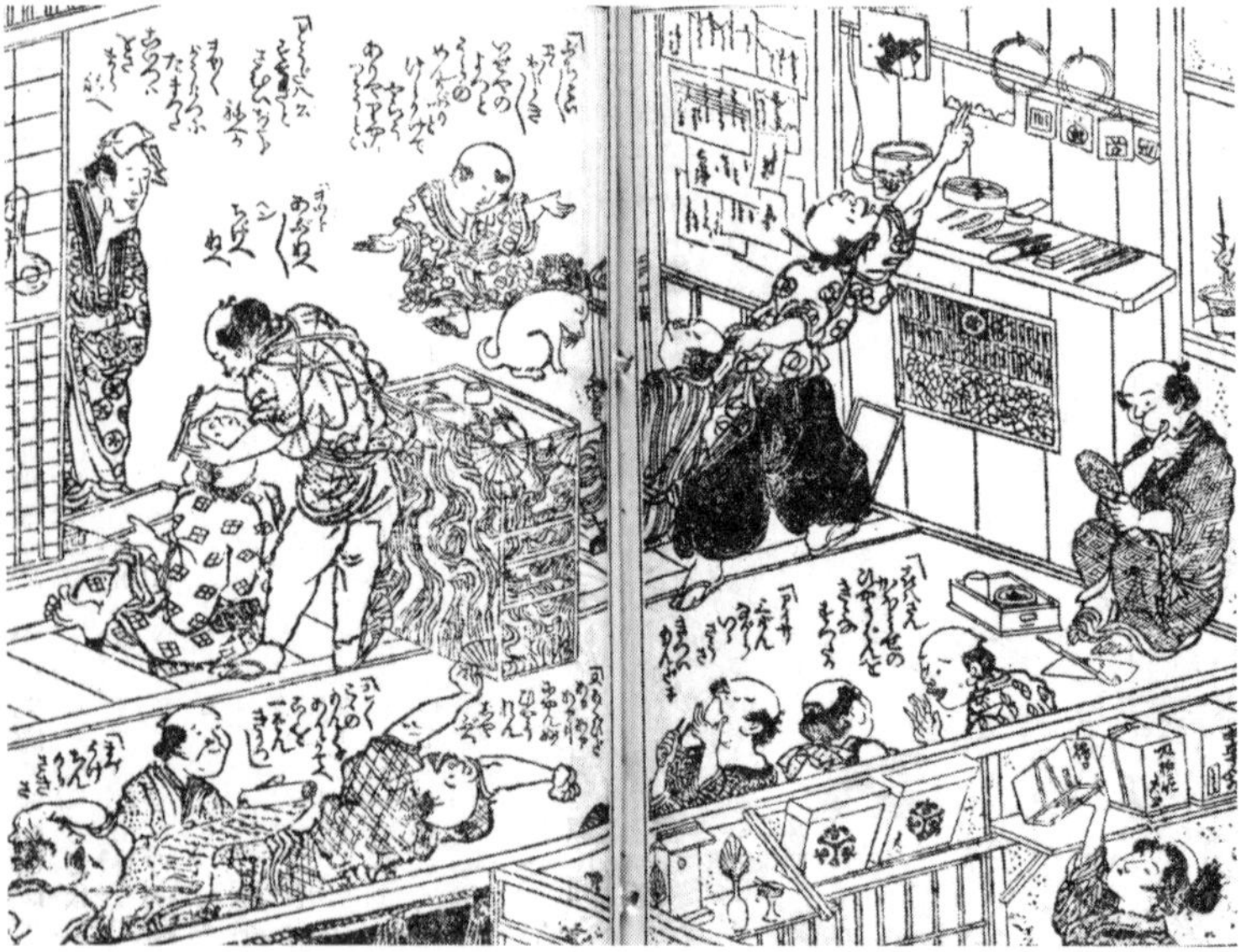

床屋のなか。
奥の畳敷きでは客が寝そべったり、
本を読んだりしてくつろぐ。
式亭三馬「浮世床」（国立国会図書館蔵）

尺幅の三和土《たたき》の土間があって、上り框《かまち》からつづく三尺ほどの板張りが仕事場となっています。客は上り框に通りを向いて腰掛けて、髪を結ってもらいました。髪結いは三人立ちといって、親方・中床《なかどこ》・小僧の三人であたります。まず小僧が元結《もっとい》を切り、ざんばら髪にして櫛で梳くと、次に中床が仮元結をして月代《さかやき》と髭をあたってくれます。最後に親方が鬢付油をつかって、髷をよい形に結い上げるという手順でした。

　仕事場の奥は畳敷きがあり、順番待ちの場所として草双紙《くさぞうし》や春画《しゅんが》の類、囲碁・将棋盤などが置かれています。江戸の男は一日おきとか、せいぜい四、五日にいちどは髪

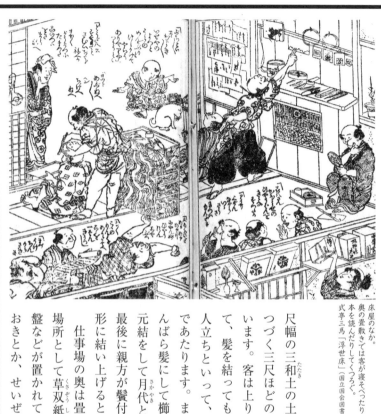

結床へ通いました。月代《さかやき》はすぐに伸びるし、むさいのは粋じゃありません。そうして頻繁に通うと客同士が顔見知りとなり、打ち解けた会話をかわすようになります。店の奥はサロンというべき溜り場になっていました。何しろ男ばかりですから、どこそこの遊女屋がいい、なんて情報交換もさかんにおこなわれます。それじゃあこれから遊びに行くか、と髪結床で女郎買《じょうろか》いの話がまとまることもあります。

もうひとつの社交場が**湯屋**（ゆや・ゆうや）です。江戸では火事への留意から町家が風呂をもつことはほとんどありません。豪商の家や宿屋にすら内風呂はないのです。それでいて江戸は風が強くて埃っぽいときていますから、人びとは毎日欠かさず湯屋に通って汗を流しました。そのため湯屋でも自然と顔見知りがふえることになります。

湯屋へ出かけますと、入口に「ゆ」と書かれた横に、矢をつがえた弓がぶら下がっています。これは「弓射る」と「湯に入《い》る」をかけた洒落《しゃれ》なので気にしないで下さい。それから「男湯、女湯」の別があっても、なかでは混浴だったりすることがあるので、驚くと思います。あまりじろじろと見ない方が無難でしょう。

さて高座（番台）に湯銭六文をぽんと置いて、土間で履物を脱ぐとすぐに板間の脱衣場です。裸になって着物を籠や戸棚に入れましょう。竹の簀子《すのこ》がしかれた先が洗い場で、湯が流れやすいように傾斜がついています。その先の石榴口《ざくろぐち》という湯が冷めないようにしつらえた門をくぐると湯船ですが、低いので頭をぶつけないようにかがんで入って下さい。もともと石榴口という名の由来は、鏡を要《い》る（磨く）のに石榴の汁をつかったことから、「鏡要る」と「かがみ入《い》る」を

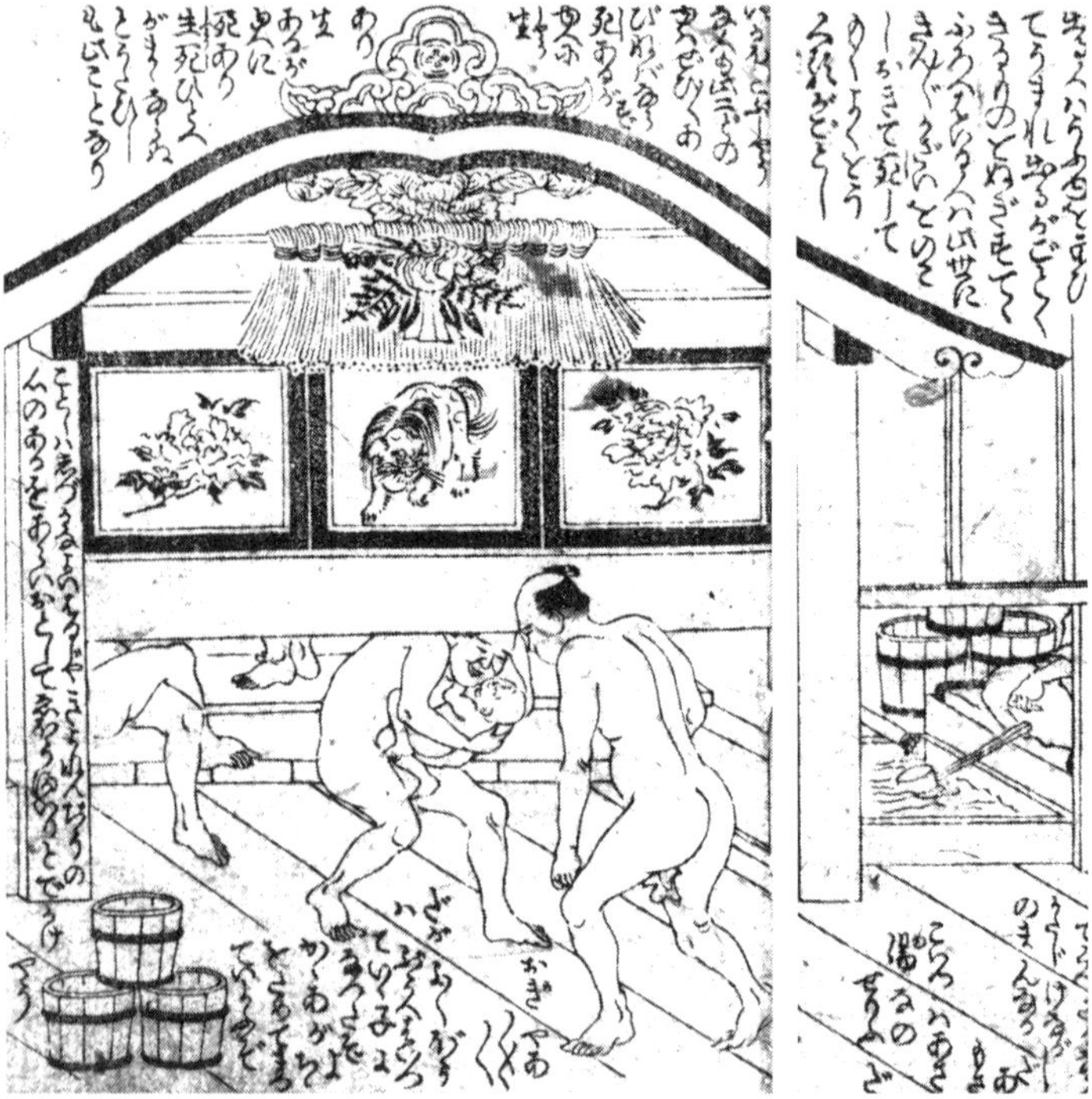

湯屋。石榴口をくぐって湯殿に入る。右の小窓から湯汲みが桶に湯をくれた。「賢愚湊銭湯新話」（国立国会図書館蔵）

洒落たものだといいます。江戸の人は何でも洒落ました。浴室は明かり窓もなく暗いので人にぶつからないように気をつけて、湯船に入るときには「冷え者でござい」と周囲に断るのが礼儀とされています。おっと、いきおいよく飛び込まないで下さい。江戸っ子は熱い湯好きといいますが、本当に足の皮がむけるほど熱いですから、危険この上ありません。もちろん長湯も禁物です。さっさと出て体を洗いましょう。石榴口の横の窓から湯汲みが桶に湯を入れてくれます。糠袋《ぬかぶくろ》でたんねんに体をこすります。洗髪はしては

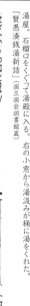

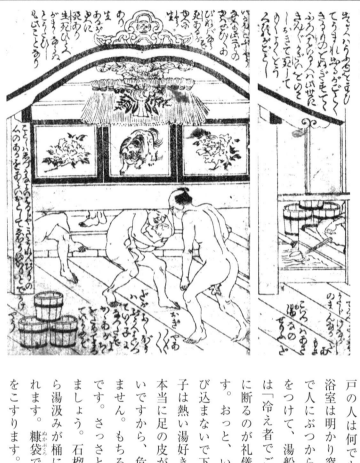

いけません。最後に湯汲みから岡湯《おかゆ》（上がり湯）をもらって出ます。

さて脱衣場のわきには階段があって、入浴料とは別料金で八文払うと二階へ行けます。そこは男性用の休憩所で、髪結床とおなじように絵草紙を読んだり、囲碁や将棋に打ち興じたり、世間話に花を咲かせたりするサロンとなっていました。若い娘が茶菓子を売ったり、女湯をのぞく小窓があったりと、湯屋ごとに趣向をこらしたので、なかには湯には入らずにいきなり二階へ行く客もいたようです。

湯屋の営業はおよそ明六ツから夜五ツまで。朝は仕事前の職人や朝湯好きの老人、午後は亭主や子供、夜はかみさん連中というように、時間ごと客層もちがいました。

表店いろいろ

それでは表通りを歩いてみましょう。そうそう、江戸では左側通行が原則です。これは右側を歩くとお侍同士の刀の鞘があたりやすいので、何かとトラブルを避けるためだといいます。厳密な決まりではありませんが、いちおう左側を歩いておきましょう。

表通りに面した表店は、商店や問屋、親方といわれる職人の店が並びます。現代のショッピング街にくらべれば、彩りも乏しく地味な印象をもたれるかもしれません。しかし慣れてくると、江戸ならではの商売に親しみを覚えることでしょう。たとえば看板ひとつ見ても、判じ物みたいな意匠に楽しくなります。

足の形の看板は**足袋屋**をあらわしています。「股引」とか「大丈夫」とか書かれています。

道路標識のようなものに「り」と書いて「のり」と読ませます。**糊屋**（姫糊を売る）の看板です。

足袋屋

饅頭屋

質屋

焼芋屋

糊屋

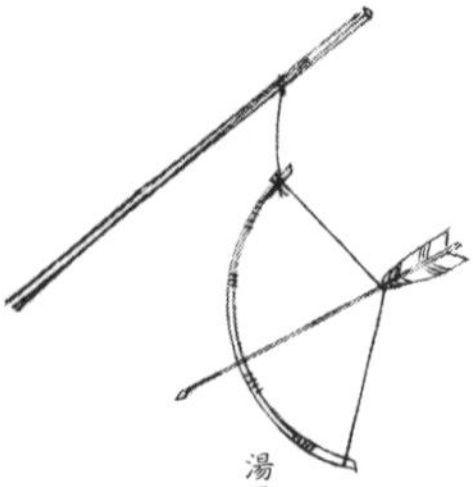
湯屋

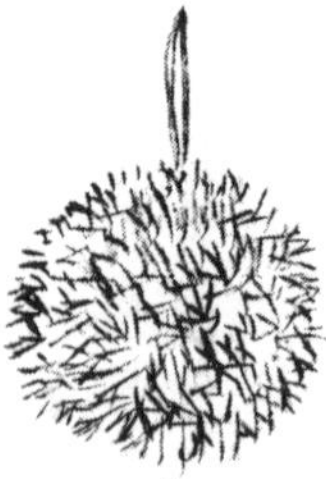
酒屋

十三里と書かれていたら**焼芋屋**のこと。十三里=九里+四里で、「栗（九里）より（四里）うまい」の酒落になっています。

饅頭屋の前に張り子の馬が置かれています。よく分かりませんが、荒馬と「あらうまし」をかけたそうです。

弓に矢をつがえているのが**湯屋**の看板です。

質屋の看板は将棋の歩の駒をかたどっています。

「入ると金になる」の意味。

酒屋の看板は酒林《さかばやし》といって、杉の葉を玉のように束ねて吊りました。酒樽が杉からつくられるので、酒屋のシンボルとなったのでしょう。

江戸ことばを習得しよう

せっかく江戸へ行くのですから、ご当地のことばを覚えたいものです。まあ覚えるといっても、おなじ日本語なので、外国語をマスターするような苦労はありません。それに現在の標準語にも江戸のことばが少しは残されていますから、わたしたちは普段の会話で知らず知らずに江戸ことばをつかっていたりします。

とくに東京の下町方面に江戸ことばが残されました。夏目漱石や樋口一葉などの作品を読むと、東京生まれの生粋のことばにふれることができます。また落語や歌舞伎などの伝統芸能を通して江戸ことばを身近に感じることもあるでしょう。

とはいえ、現代人のイメージする江戸ことば、たとえば威勢のよいチャキチャキな江戸っ子が本当にいるかというと、これは微妙なところです。少なくとも、わたしたちが知っているような「べらんめえ口調」を話す江戸っ子に出会うことは皆無だと思います。

実は江戸っ子は乱暴なことばづかいをしているのではなく、むしろ品がよくて、調子があって、洒落っぽい話し方を心がけていました。洗練といってもいいでしょう。ここでは垢抜けた江戸ことばについて、見ていきたいと思います。

江戸ことばの特徴

鼻濁音

「江戸の人はきれいな発声でしたよ」平成の紙芝居師であり、下町文化の伝承者として活躍された梅田佳声《かせい》氏がいっていました。

「九尺二間の裏長屋の壁は薄っぺらで、話し声なんて近所につつぬけだからね。よそにきこえてもいいように、ことばづかいも自然と丸くなるんです」

丸いことばづかいとは、きっと鼻濁音《びだくおん》のことでしょう。江戸の人は「ガ ga・ギ gi・グ gu・ゲ ge・ゴ go」が「ンガ nga・ンギ ngi・ング ngu・ンゲ nge・ンゴ ngo」となります（本当は「カ゚・キ゚・ク゚・ケ゚・コ゚」と表記しますが、分かりやすいようにこのようにします）。鼻をつまんで「ガギグゲゴ」といってみると発声の感じがつかめるかもしれません。

「鏡（カンガミ）」「卵（タマンゴ）」「論語（ロンンゴ）」「いがぐり（インガグリ）」となります。

ただし例外があって、頭がガ行のときは普通に発声します。「強欲（ゴウヨク）」「芸者（ゲイシャ）」。また数の五は鼻にかかりません。「五歳（ゴサイ）」「五十両（ゴジウリョウ）」。でも熟語になっているものは鼻濁音です。「十五夜（ジウンゴヤ）」。敬語の接頭語がつくと鼻にかかりません。「お元気（オゲンキ）」「お行儀（オギョウギ）」など。

ガ行鼻濁音が標準語化によって消えるとともに、東京人の会話もややトゲトゲしくなったようです。よく関西の人が東京に来ると、ことばがきつく感じるというのはこのためでしょう。

ごく代表的なものをあげてみます。これらは日常の会話で自然につかうようになるものですから、無理に覚える必要はありません。

江戸なまり

［「ヒ」と「シ」の混用］

東といえずに「シガシ」。日比谷が「シビヤ」。ししゃもは「ヒシャモ」になります。「ヒ」と「シ」が両方入った潮干狩りは、江戸っ子は混乱して「ヒオシガリ」とひっくり返ってしまう。白髭《しらひげ》神社へ行くには「ヒラシゲジンジャはどちら」と尋ねなければ江戸っ子には通じません。さらに「ヒュ」は「ヒ」、「シュ」は「シ」と発音してしまいます。日向は「ヒウガ」。新宿は「シンジク」。十本は「ジッポン」です。

［「ない」が「ねぇ」］

知らない「知らねぇ」。行かない「行かねぇ」。面白い「面白れェ」など。

［「は」「が」「を」が「～ァ」］

わけはない「わきゃぁねえ」。腹がへった「腹ァへった」。面を殴る「面ァ殴る」

［母音の「エ」が「イ」に変化する］

お前さん「おまいさん」。これだけ「こいだけ」。深川へ行った「深川ィ行った」。

［「おっ」「こっ」「つっ」「ひっ」「ぶん」などの接頭語で強調する］
「おったまげる」「こっぴどく」「つっぱねる」「ひっぱたく」「ぶんなぐる」など。

［ことばをつめる］
いやなこった「やなこった」。当り前だべらぼうめ「あたぼう」。何いってやんでい「てやんでい」。

［意味のない捨て字を入れる］
「だろうね」「そうかえ」「そうだよ」「そうですわ」「そうさ」「片腹痛いわい」。これらの「ね」「え」「よ」「わ」「さ」「わい」などは日本語の品詞に属さない、江戸ことば特有のものです。

ことば遊び　江戸ことばは遊びに満ちています。江戸っ子は日頃からことばをひねることばかり考えていたようなふしがあります。

［忌みことば］
江戸っ子は縁起をかついで、悪い音のことばをよい音のものに変えてしまいます。「梨」は「無し」に通じるというので「ありの実」。「葦《あし》」は「悪《あ》し」なので「葭《よし》」。葦原にできた遊

郭は「吉原」の名がつきました。「スルメ」の「する」はゲンが悪いので「アタリメ」。婚礼が「終わる」のはよくないから「お開きにする」。縁起物の鏡に似た餅を「切る」のを忌んで「鏡開き」と呼ぶ。「猿若町《さるわかまち》」を「えてわかまち」と読むのは「猿」が「去る」に通じるから「得手（まさるの意味）」とする……など、たくさんあります。

［早口ことば］

舌をよく回す鍛錬に早口ことばを考えて、口に出して遊びました。

「かえるひょこ〳〵三ひょこ〳〵、四ひょこ五ひょこ六ひょこ〳〵、七ひょこ八ひょこ九ひょこ十ひょこ」

「客ござって柿ござる、柿ござって、客柿食って柿客食わずに客柿食い、柿食い客に柿食わぬ客、隣の客も柿食う客、我らがとこもよう柿を食う客」

「お茶たちよ、茶たちよ、ちゃ〳〵っと、たちよ、青竹茶釜で、ちゃっとたちやの前さま」

［地口］

関東では地口《じぐち》、上方は口合《くちあい》といいますが、掛けことばで洒落ることです。

・文句をいいかえる。

「お前百まで、わしゃ九十九まで」→「お前掃くまで、わしゃ屑熊手《くずくまで》」

「蓼《たで》食う虫も好き好き」→「安倍川餅も好き好き」

「あ、痛い痛くってこたえられねえ」→「鮎鯛烏賊《あゆたいいか》食ってこたえられねえ」

・謎掛けにする

「仏のお椀」で「かなわん」。「薬缶《やかん》の蛸」で「手も足も出ない」。「傘屋の小僧」で「骨折って叱られる」。「やかましかまは十二釜（やかましい）」

・韻を踏んだだけで意味はない（付け足しことば）

「何が何だ」を「何がなんきん唐茄子かぼちゃ」

「何か用か」を「七日八日九日十日」

「とんだ目にあった」を「とんだ目に太田道灌」

江戸ではつかわないことば

標準語で当り前のようにつかっていることば、あるいはいかにも江戸っ子がつかいそうなことばも、江戸ではまずつかわないＮＧ語だったりします。

「〜です」

江戸では「でげす」とおなじく芸者や幇間《たいこもち》がつかうことばで、普通の町人はいいません。明治のはじめに薩長土肥の士族が柳橋新橋などの女芸者のことばをきいて、江戸のことばとかんちがいして広めたといいます。

［「～であります」］

江戸では「でございます」女性なら「でござんす」といいます。「であります」は明治のはじめに士族がこしらえたことばです。

［「～である」］

明治のはじめに士族がつくった言い回しで、いかにも威厳ぶった品のない日本語ですが、すでに定着してしまっているし、『吾輩ハ猫デゴザル』ではやはり困るのである。

［「～しなさい」］

これは「～しなせえ」とか「～しなさる」、ていねいなところで「～しなさいまし」といいます。

［「～みたいな」］

明治中期からの言い回しです。江戸では「～みたような」をつかいます。

［「君」「ぼく」］

これも明治のことばです。相手には「おめえ、てめえ、貴公（武士）」、自分のことは「おれ、おいら、あっし、わっち、拙《せつ》」などといいます。目上の相手には「おまえ」、目下には「てめえ」、自分のことは「わたくし」といっておけばよいでしょう。

［**同音意義語に注意する**］

江戸時代の和製漢語は「奉行」「番頭」「坊主」「野暮」「世話」など、耳できけばすぐに意味が通じるものばかりです。しかし明治以降に和製漢語が乱造されると、たとえば「セイカ」といっても「製菓」「成果」「生家」「盛夏」「生花」「聖火」「青果」「正貨」……どれを指すのか分かりません。口に出したときにいろいろな意味にとれる場合、たいてい江戸にないことばなので避けるとよいでしょう。

啖呵を切ってみたい

……御存じの江戸八百八町に隠れのねへ、杏葉牡丹《きょうようぼたん》の紋付《もんつき》も、桜に匂ふ仲の町《ちょう》、花川戸の助六とも、また揚巻《あげまき》の助六ともいふ若いもの。間近《まぢか》くよってしゃッ面《つら》を拝み奉《まつ》れ　ここな溝板《どぶいた》野郎の、だれ味噌野郎の、出し殻《がら》野郎の、蕎麦かす野郎め、引っ込みァがらねへか……（「助六由縁江戸桜」）

……この丸太ん棒。てめえなんざァ目も鼻もねえ、血も涙もねえ、のっぺらぼうな野郎だから丸太ん棒ッてんだィ。分かったかィ、この金隠し！　四角くて汚えから金隠しッてんだ。そのぐれエことァ覚えてときゃァがれ、ばかッ　えェオウ、呆助藤十郎珍毛唐芋ッ掘り株ッ齧りめ……（三代目古今亭志ん朝「大工調べ」）

何と胸のすく啖呵《たんか》でしょうか。現代社会でこんなふうに悪態をついたら反社会的な人にされそうですが、江戸ではポーンと啖呵が出る人はむしろ賞賛されます。ぜひとも気持のよい啖呵を切っていただきたい。でも何だかむずかしそう……という皆さまに、江戸初心者でもかんたんに啖呵を切ることができる「江戸前啖呵用語集」を次頁にご用意いたしました。

いきな江戸前啖呵用語集

江戸のことばから芝居や落語・講談に頻出する四百語あまりを選び、品詞にかかわらず左記に分類した。

a・人・物・動作の形容
b・悪口
c・遊里ことば
d・比喩・地口
e・付け足しことば
f・江戸なまり
g・慣用句
h・美意識
i・強調語

凡例

●分類ごと五十音に並べる。
●見出しに発音をかなで表示し【 】にその当て字を記す。成句はそのまま載せた。

例　空き店のえびす

●用例を「 」に示した。

用法

分類ごとの語句を組み合わせれば、自分で江戸前な啖呵をこしらえることができる。

［作例］

コー[i]覚えとけ、半土座[b]め
訳：ちょっと、覚えておいて下さいね。溺れているような顔をした貴方。
竹屋の火事[d]で悪口もっこう[a]口前[a]たれて
訳：ポンポンと悪口を申しました。
何と滅法界[a]をいうへご助[b]だ
訳：とてもひどいことをおっしゃる貴方はオナラみたいな人ですよ。
呆助藤十郎[b]珍毛唐芋ッ掘り[b]株ッ齧り[b]め
訳：愚かで外国人のように分からなくて田舎の人で実力のないお方ですね。

効能

一　江戸へ行ったときに啖呵を切ることができる。
一　それは無理でも、江戸っ子に啖呵・悪態を浴びせられたとき何をいわれているか分からずにボーッとしなくてすむ。
一　芝居や寄席観覧のお供に。

謝辞

語句選びと説明には次の著作を参照した。労作に心より感謝申し上げたい。

『江戸語辞典』大久保忠国・木下和子編・一九九一年・東京堂出版
『明治東京風俗語辞典』正岡容著・一九七七年再版・有光書房
『浮世だんご』三代目三遊亭金馬著・一九九一年・つり人社
『江戸落語便利帳』吉田章一著・二〇〇八年・青蛙房

a・人・物・動作の形容

あいそづかし【愛想尽かし】愛情を失くしてとり合わないこと。
あがき【足掻き】始末。「あがきがつかない」
あくざもくざ【悪作妄作】。数々の悪事「散々あくざもくざをつくした」
足を近く　せっせと。
あたじけない　みみっちい。
あっこうもっこう【悪口帽頭】悪口をいう。もっこうは語意を強める語呂合わせ。
いかもの【以下物】まがい物。将軍に謁見できない軽輩をお目見得以下といったことから。
いたごと【痛事】金がかかりすぎること。
いっかのがれ【一か逃れ】一時逃れ。
うかと【浮かと】うっかりと。
うだつの上がらぬ　うだつは屋根につく小柱のこと。家を新築することを「うだつが上がる」といった。転じて出世できないこと。
うんぜえまんぜえ【雲勢万勢】大勢。
うやふや【有耶不耶】要領を得ない。
うろん【胡乱】あやしい。素性知れずの者。
えいぶつ【英物】すぐれた人。
えびすぜん【夷膳】膳を縦に置くこと。不吉。
えんそ【塩噌】塩と味噌で生活費のこと。
おいせん【負銭】損した上、また金をだすこと。
大方ならず　ひと方ならず。
おおたば【大束】大きなこと。「大束をいう」
おおへこみ【大凹み】すっかり参ること。
おかいこぐるみ【お蚕包み】何不自由なく育つ。
おかぼれ【岡惚れ】他人の恋人に惚れること。
おかやき【岡焼き】自分に関係ないのにヤキモチを焼くこと。
おきゃーがれ　やめろ。
おたまりこぼし【お溜り小法師】たまるものか。
おためごかし【お為転】相手を思うふりをして自分の利益を考えること。
おっこち【落っこち】情人《いろ》。恋に落ちることから。
おっぴらき　五、五十、五百。手をひらくから。
おひゃる　おだててそのかす。
おりがみ【折紙】役人の鑑定書は二つに折ったことから、保証の意味。「折紙つき」
おりすけ【折助】武士の下僕。中間《ちゅうげん》のこと。
おれくち【折れ口】知人の喪にあうこと。
おわいや【汚穢屋】肥桶《こえたご》かつぎ。
かかあざえもん【嬶左衛門】男勝りの女房。
かこつ【託つ】嘆くこと。「不幸をかこつ」
かさっかき【瘡掻き】梅毒患者。
かしわもち【柏餅】夜着がないので、敷蒲団にくるまって寝ること。
かす　小言。「かすを食う」
かする　上前をはねる。
かたあきない【片商い】片手間の商売。
かってふにょい【勝手不如意】金がないこと。
河童《かっぱ》の屁　何の苦労もないこと。
廉《かど》にとる　理由にする。
かどわかし【誘引】誘拐する。
殻《から》を踏《ふ》む　一文にもならないこと。

かんちょうらい　細々として粗末なこと。「かまきりちょうらい」の江戸訛り。

きいたふう【利いた風】生意気。

きさんじ【気散じ】気晴らし。気苦労がないこと。

きたい【希体】奇態。奇妙。

きたむきてんじん【北向き天神】偏屈な人。

きぶい【豪い】割がいい。「きぶい仕事だ」

きめる（拳固などを）くらわせること。

くすりぐい【薬喰い】肉食。

くちまえ【口前】言い回し「口前をたれる」

くわせもの【喰わせ物】にせもの。

けいあん【桂庵】職業斡旋所。「桂庵口」というと、あてにならないことのたとえ。

けちりんも　少しも。「けちりんも嘘は申しません」

げびぞう【下卑造】下卑た男のこと。

けぶ【煙】ふっといなくなること。

けんつく【剣突】頭ごなしに脅かすこと。

けんのん【険呑】危ない。

ごうぎ【豪気】立派。

こうばしい【香ばしい】耳よりな。「香ばしい話」

ごうはら【強腹】腹が立つ。

こかす【転かす】密かに転売すること。

こぐち【小口】発端。「あらわれ小口」悪事発覚。

こなべだて【小鍋立】寒い夜に愛人と一杯飲《や》りながら鍋をつつくこと。

こぬかさんごう【小糠三合】養子。「小糠三合（最低の報酬）あれば養子に行くな」から。

こめつきばった【米搗ばった】ペコペコすること。

ころす【殺す】質に入れる。「初鰹袷を殺す毒魚かな」

ごんぱち【権八】居候のこと。白井権八が幡随院長兵衛に厄介になる芝居から。「権八をきめる」

さきぼう【先棒】手先。「先棒かつぎ」

栄螺《さざえ》の尻　心がねじれるの喩え。

さしがみ【差紙】お上からの呼び出し状。「差紙がつく」

左様しからば　改まった物言い。

しちりけっぱい　寄せつけないこと。仏教語の七里結界の訛り。

しどけない　取り乱れている様子。

じぶんどき【時分時】食事に頃合いの時間。

しゃあつく　厚顔無恥のこと。

しゃくる　そそのかす。

じゃじゃばる　でしゃばる。

情を立てる　真心を示す。

しりくらいかんのん【尻喰い観音】尻に帆をかけて逃げ出すこと。

しりつき【尻付】第三者のチクリ。

しろおに【白鬼】淫売。

しろむくてっか【白無垢鉄火】見た目は堅気だが本当はゴロツキのこと。

すがれる【梢枯れる】少し老けかけたこと。

すかんぴん【素寒貧】一文なし。

すこぶるつき【頗るつき】途方もなく。

酸っぱいこと　やましいこと。

ずぶろく　泥酔。

ずぬけ【図抜け】特大。

ずんずらみじかく　太く短く。

せいぞう【清三】酒の俗称。

ぜげん【女衒】遊女の斡旋人。口先で女をだまし、安く身売りさせて契約金のさやをとる人間。

そこつ【粗忽】気が入っていない。

そっくら 全部残らず。

ぞっこん【底根】心底。

ぞっとしない 面白くない。

袖にする つれなくする。のけものにする。

それしゃ【其者】その道の人。玄人。

ぞろっか ぞろぞろ。

ぞろっぺい おおざっぱでだらしない。

ぞんき のんき者。無愛想。

たぎって 特別に。

だくだく ぼてぼて。ぼったりした。

たちめえ【立前】日当。賃金。

たちもん【断物】心願成就のために決めたものを断つこと。「塩断ち」「生臭断ち」など。

たてひき【達引】意地や義理を通す気風。

たもとおとし【袂落し】着物の袖内の巾着袋。煙草などを入れる。

たるい【足るい】不足。未熟。「かったるい」

ぢぐち【地口】洒落。

ぢぐちあんど【地口行灯】初午のお祭りにかけられる洒落とその挿絵を書き入れた行灯。

ちちくりあう【乳繰り合う】 いい仲になる。

チャキチャキ 生粋。

ちゃじん【茶人】物好き。酔狂な人。

ちゃちゃくる【茶々繰る】 ごまかす。

ちゃちゃふうちゃ めちゃめちゃ。ふわふわ

茶にする バカにする。

ちゃり【茶利】滑稽。芝居で大向うの客が笑いをとろうとする掛け声をチャリというが、たいてい撃沈して周囲のひんしゅくを買う。

ちゃんちゃらおかしい 問題にならない。笑止千万。

ちょうちんもち【提灯持】急の手伝い。手先。

ちょうもく【鳥目】金銭。

ちょんの奢《おご》り ちょっとだけ奢ること。

ちょんのま 少しの間。遊女屋で短時間にする。

ちんころ【矮狆】日本古来の愛玩犬。狆《ちん》。

つじうらうり【辻占売】子供が「淡路島ぁかよう千鳥、恋の辻占」と唄いながら占いを売った。

つっころばし【突転ばし】二枚目。やさ男。

つつなしもの【筒無者】いつも遊んでいる人。

燕《つばめ》をつける 不足分を払う。

つべらなべら つべこべ。

つめいん【爪印】爪に墨をつけて印を押すこと。

爪が長い 借りた金をなかなか返さないこと。

つる【蔓】入牢のとき密かに持っていく金。

つるかめつるかめ【鶴亀鶴亀】縁起の悪いときに唱えることば。鶴も亀も縁起がよいとされる。

でかばちもない とんでもなく大きい。

でくでく いやになっている状態。

てごめ【手込】乱暴する。

でずいらず【出ず入らず】無駄がない。

てづかえる【手支える】さしつかえる。

てっぽうばなし【鉄砲話】でたらめな話。

てづよい【手強い】情熱的。

出て行《ゆ》けがし すぐ出て行けといわな

いばかりの態度をとること。
手の骨法擦《こっぽうす》る　手がすりむけるほど謝ったり頼んだりすること。
てばる【手張る】骨がおれる。
てんじくろうにん【天竺浪人】長年無役の浪人。
でんぽう【伝法】乱暴なことば。
といとぶらい【訪い弔い】冥福を祈る。
どうがなして　何とかして。
どしつけな　無理な。
途端を打たす　はずみをつける。
とちめんぼうを振る　うろたえる。
独鈷《とっこ》に取る　言質をとる。
取ったか見たか　あっという間。
とっぱくさ　慌てる「まったくとっぱくさした」
どどくる【都々繰る】都々逸を唄うこと。
どやす　なぐりつける。
どら【放蕩】遊蕩。道楽者。
とんだ　すばらしい。ひどい。よいことにも悪いことにもいう。「とんだいい嫁だ」「とんだ目にあう」
ながじけ【長時化】不景気がつづくこと。
なかなかもって　どういたしまして。
名高《なだか》の骨高《はねだか》　評判ほどではない。

なまえい【生酔】少し酔っている状態。
なんどりと　じっくりと。
にす　腕がにぶいこと。
にっちもさっちも【二進も三進も】どうにもならない。
女房造り　女房でないのに女房らしい姿や態度をすること。
ね【根】原因。「いつまでも根にもって」
ねぐせえ【寝臭え】いつも寝ているから臭い。
ねんごろ【懇】いい仲。
のうてんき【能天気】生意気。軽薄なこと。
のづら【野面】平気な顔をすること。
のめずりこむ　ふらふら入り込む。
のんこのしゃあ　恥じないで平気でいること。
ばくばく　老いて歯の抜けた人「ばくばく婆ァ」
バッタリに売る　叩き売る。
歯に合う　口に合う。気に入る。
腹が癒《い》える　気持がスッとする。
はらからの【腹からの】生まれついての。
ばれになる　駄目になること。
ひきふだ【引札】広告、ちらし。

ひでり【早魃】異性のいない状態。「男(女)ひでり」
ひょんな　思いがけない。
ひんなり　すんなり。
ふうはあ　うんうん。うなずいている様子。
ぶきぶきした　無愛想な。
ふける【遁ける】逃亡する。
ふっさり　くっきり。
ふでかし【不出来し】失敗。
ふてかって【不手勝手】理屈に合わないこと。
ふてまわり【不手廻り】融通がつかないこと。
ふところで【懐手】遊んで暮らせるいい身分。
ぶんずい【文ずい】酒の俗称。
へえつくもうつく　下手《したて》に出て機嫌をとること。
べっして【別して】とりわけ。
ぼうにふる【棒に振る】無駄にする。
ぼてれん　妊婦。
まえかん【前勘】先に勘定を払うこと。
まっくらさんぼー【真暗三宝】真の闇。
まっぴら【真っ平】ひらに。「まっぴら御免ねぇ」

まぶ【間夫】情人。

まぶな・まぶい　気のきかない。さえない。

まわり【廻り】客を廻って歩く廻り髪結いのこと。

まんぱち【万八】うそつき。千に三つしか本当をいわない千三つよりもひどい。

みじょう【身上・見状】品行。素性。

水の垂れる（比喩）瑞々しい美男美女のこと。

水の出花《でばな》　思春期。

味噌濾《みそこし》を提げる　貧しい暮らし。

みみっくじり【耳抉】耳かき。

みょう【妙】おつなこと。

見る目嗅ぐ鼻　世間の目。監視役。

むさい【穢い（無妻）】独身者《ひとりもの》の身持ちが悪いこと。

むねき【無念気】気まぐれ。

めせんりょう【目千両】千両の値打ちのある美しい目。

めっぽうかい【滅法界】ばかに。ひどく。「滅法界にぶん回し」

めのくりだま【目のくり玉】目玉。

もたつく　いちゃつく。

やかんしんじん【薬罐信心】熱くなるが、すぐに冷める信心。

やきぎり【焼切】始末。

やけのやんぱち　もうどうにもなれの意味。

やじりきり【家尻切り】家屋に穴を開けて侵入する泥棒。

やすけ【弥助】鮨のこと。浄瑠璃「義経千本桜」で平維盛《たいらのこれもり》が弥助と名を変えて鮨屋に隠れることから。

やつがれ　自分のことをへりくだっていう。

やなぎわら【柳原】古着のこと。神田の柳原土手に古着屋が多かった。

やまこ【山子】大きなことをいう「山子を張る」

ゆうてき【幽的】幽霊のこと。

ゆきぬけ【行き抜け】やりっぱなし。

よいよい　中風。

よくどうしい【欲どうしい】欲深い。

よたか【夜鷹】街娼。夜、莫蓙《ござ》を抱え、土手などの寂しいところに立って客を引いた。

よっぴて【夜っぴて】夜通し。

余念がない　罪がない。

よろずはちまんだいぼさつ【万八幡大菩薩】大ぼら吹き。万八におなじ。

らりこっぱい【乱利骨灰】粉々。台無しになる。

りゃんこ【双刀】武士。二本差し。

わらかす　笑わす。

b・悪口

あかにし【赤螺】ケチ「あいつはあかにし屋だ」

あくしょう【悪性】薄情者。「とんだ悪性め」

あんにゃもんにゃ　わからずや

あんぽんたん【安本丹】うすのろ。ばか。

いもっぽり【芋っ掘り】田舎者。

おえねえもん【負えねえ者】ろくでなし。

おたんちん【お短珍】遊郭で好かない客

のこと。男客の逸物が小さいのを嗤った。

かぶっかじり【株っ囓り】株（免許）を持っていても実力もない人のこと。

かわらもの【河原者】役者を蔑んでいう。

糞を喰らえ　何の値打もないと罵る語。江戸初期にあった糞問いという拷問から生じた言い方。

すっとこどっこい　馬鹿野郎。間抜け。

すべた　醜婦。カルタのカス札から。

ちょうせえぼう【嘲斎坊】とんま。「嘲斎坊にする」は愚弄するという意味。

ちょうちんばばあ【提灯婆】皺だらけの老婆。

ちんけえとう【珍毛唐】（外国人みたいに）分からない野郎のこと。

ちんちくりん【珍竹林】背の低い人。

つらあみやがれ　ざまあみろ。

でこぼこあたま【凸凹頭】わからずや。

どうしゅう【銅臭】金に執着する者を金の臭いばかりさせると罵ることば。「銅臭粉々《ふんぷん》だ」

とうへんぼく【唐変木】まぬけ。

どてかぼちゃ【土手南瓜】役立たず。土手に自生する南瓜はまずくて食えないことから。

とんちき　間抜け。

ぬーた　抜けている人。バカ。

ばくれん【莫連】すれっからし。

ばけべそ【化けべそ】化け物がべそかいたような顔。女房を卑下していう。「うちの化けべそが」

はすっぱ【蓮葉】軽薄。

はっつけめ【磔め】磔にされるような太え奴。

はんかつう【半可通】知ったかぶりする人。

はんどざ【半土左】おぼれかけた顔。半分土左衛門。

ひきずり【引擦】自堕落な女。

ひとさんばけしち【人三化七】人が三割、化け物が七割の面体。さらに「人なし化十」もある。

びわようとう【枇杷葉湯】尻軽女のこと。暑気あたりの薬「枇杷葉湯」売りが誰にでも無料で味見させたことから。

ひょうろくだま【表六玉】まぬけ。

ふだつき【札付き】悪人。普段から素行の悪い者は人別帳（戸籍）に札がついたことから。

ふんばり　すれて手のつけられない女のこと。

へごすけ【屁ご助】屁みたいな奴の意味。

へなちょこ　下らない奴。へなへなしたちょこざい者のこと。

べらぼう　バカ。飯をつぶす竹べらの棒から穀潰《こくつぶ》しの意味だとも、寛文十二年大坂道頓堀の「便乱坊」という異形の見世物からきたともいう。

ほうすけ【呆助】愚か者。

ぼくねんじん【朴念仁】わからずや。

ぼんくら【盆暗】ぼんやり者。博打で賭場を盆といい、勝負が読めない者を「盆が暗い」といったことから。

ぽんつく　ぼんやり者。ぽんしゅうとも。

まるたんぼう【丸太ん棒】人情のない人。

やどろく【宿六】ろくでもない亭主。

やぼてん【野暮天】ものの分からない人。

やらずの最中　やらずぶったくり。

c・遊里ことば

あいまいや【曖昧屋】商店にみせかけた淫売宿。

あたりめ【当りめ】スルメイカ。縁起をかつぐ花柳界などで「する（損）」を「当り（得）」と変えた。すり鉢→あたり鉢、すずり箱→あたり箱など。

いつづけ【流連】遊興にふけり家に帰らない客。

いのこり【居残り】支払できず遊女屋に残る客。

お職《しょく》を張る　吉原の遊女屋の一番人気の花魁。

お茶漬け　遊女が馴染み以外と交わること。

ぎょく【玉】遊女への代金。

きりぎりす【蟋蟀】張見世の格子につかまって客を待つ女郎のこと。

きりみせ【切り店】下等な遊女屋。

けころ【蹴転】色に転ぶこと。転じて茶屋の形をとった遊女・遊女屋。

じごく【地獄】私娼屈。素人上りの遊女を地者《じもの》といい、その極上だから地獄といった。

しんぞ【新造】一、若い女性　二、若妻　三、吉原の下級遊女。

しんぞおち【新造落】遊女が年増となっても引き取る客もなく、そのまま店のおばさんになること。

素股を食わせる　裏をかく。ごまかす。遊女が嫌な客の期待をはずす。

そうばな【総花】お座敷全員にチップをやること。

つきだし【突出し】振袖新造が初めて客をとること。

で【出】芸者がお座敷へ出ること。

とこばな【床花】馴染客が遊女と床入後に遺る金。枕元にそっと置いた。

とば【鳥羽】芸人ことばで着物のこと。

とや【塒】旅芸人が病気や不当りで宿から出られなくなること。梅毒にかかること。「とやにつく」

ねこ【猫】芸者のこと。

はまる　遊女に入れ込むこと。

まわし【廻し】遊女が複数の客をとって廻ること。

みまま【身儘】遊女が年季明けで自由になること。

もんび（紋日）五節句や祭りなど遊里の行事の日。遊女は着物を拵えるなどの出費を客にねだる。物日《ものび》とも。

やりて【遣手】遣手婆。遊女を取り締まって店を切り回す大年増で、たいてい欲深い。

やりてべや【遣手部屋】遣手婆の部屋。

ろうかとんび【廊下鳶】遊女屋で馴染みが来ないので廊下をさまよう客のこと。

わりどこ【割床】遊女屋でひとつ部屋を屏風で仕切りふたつ床をしいて遊ばせること。知らないうちに割床にされていたりする。

d・比喩・地口

空き店《だな》のえびす　一人でニコニコしている人。

新しい煙管《きせる》　つまらない。

生簀《いけす》の鯉　いけすの鯉はいつ殺されるか分からないから転じて、世の中の変化。

石部金吉《いしべきんきち》　堅物のこと。

石屋の引越し　荷が重すぎる。

生き弁天　弁天様のように美しい女性。

鰯《いわし》煮た鍋《なべ》　臭い仲。「あの二人は鰯煮た鍋だ」

犬《いん》の糞で仇《かたき》　つまらぬことで怨まれ仕返しされること。いんは犬の江戸なまり。

絵図にかな　分かりやすい絵図にカナをふることから、くどいほど分かりきったこと。

柄《え》のとれた肥柄杓《こえびしゃく》　手がつけられない。

負《おぶ》えば抱かろう　何か世話したら、さらに厄介をかける（ような人）。

葛西《かさい》の火事　やけくそ。肥取業者は下総葛西からくることから。

堅餅《かたもち》の焼きざまし　とんでもない堅物。

気《き》の利いた化け物は引っ込む時分　地位に居座ってなかなか辞めない者や長居して帰らない客にいう台詞。

経師屋　やたら女を口説く。経師屋は張るから。

口に土用　包み隠さずにいう。土用干しから。

口も八丁、手も八丁　何でもうまくできる人。吉原への道筋「大門口まで八丁、土手（日本堤）を八丁」のもじり。

五月の桜　はばかりさま。「葉ばかり」にかけた。

材木屋の泥棒　きどる。

さばを読む　数をごまかす。魚問屋の小僧がサバを数えるのをごまかしたことから。

三尺高いところ　磔刑《はりつけ》になる。

下っ腹に毛のない　男を漁りつくして毛の擦り切れたあばずれ。

七月の槍　ぼんやり。七月＝盆の洒落。

煎餅に金槌　わけなく壊れる。

蕎麦屋の湯桶　他人の話に口をさし込むこと。蕎麦屋の湯桶は口がとがっているから。

台屋のお鉢　すぐそこ。吉原の台屋（仕出し屋）からとる飯櫃《めしびつ》は上げ底になっていたから。

竹屋の火事　ポンポンいう。

玉子の四角と女郎《じょうろ》の真実《まこと》あれば晦日《みそか》に月が出る　ありえないことのたとえ。

唐人の尻　からっけつ。

利根川にする　酒をこのお銚子で最後にすること。利根川の末は銚子であることにかけた。

土用の筍《たけのこ》　無駄なこと。

長持ちのふた　こちらから差し上げる。

菜っ葉の肥やし　かけ声。声をかけると肥をかけるをかけた。口だけで実行しない人にいう。

夏も小袖　無料《ただ》ならいらない物でも貰っておくこと。小袖は冬物。

二、三の水出し　何も貰えない。水出しという露天博打で客がかならず取られることから。

初午《はつうま》の狸　他人ばかりもてはやされて自分は相手にされないこと。初午の日に狐は人気だが狸は忘れられることから。

膝とも談合　困ったときに自分の膝をも相談相手にすること。

百両の抵当《かた》に雨傘　気は心だから僅かな物でも抵当に入れておくという意味。

冷飯を食う　居候をする。

貧《ひん》の盗みに恋の唄　自然の成り行き。貧しければ盗み、恋すれば唄う。

深川の盤台《はんだい》　バカのたとえ。深川はバカ貝がたくさん獲れることから。

蝮《まむし》を抱いて懐中《ふところ》に入る　悪い者と知りつつ、密かに身近に置くこと。

柳のお化け　さがる。おちぶれる。

宵越しの天ぷら　あげっぱなし。

悪い茶も飲まず　（茶屋遊びの）道楽もせず。

e・付け足しことば

汗臭の観音　浅草観音のもじり。

いやじゃ有馬の水天宮　ありませんかと有馬をかけた。

嘘を築地の御門跡《ごもんぜき》　嘘をつきと築地をかけた。御門跡は西本願寺。

恐れ入谷の鬼子母神　恐れ入りやしたと入谷をかけた。鬼子母神は入谷真源寺。

こっちへ来なこ餅　来なときなこをかけた。

洒落の内のお祖師様　堀の内のお祖師様（妙法寺）とかけた。

その手は桑名の焼蛤　食わぬと桑名をかけた。

何だ神田の大明神　何だかんだと神田をかけた。

根っから麻布で気が知れぬ　麻布の地名である六本木が、どの木をいうのか分からないので、木が知れぬと気が知れぬをかけた。また周辺は赤坂（赤）青山（青）白金（白）目黒（黒）があるが黄（気）だけがないからとも。

腹がすいて北山時雨　すいてきたと北をかけた。

腹が数寄屋橋　右におなじ。

びっくり下谷の広徳寺　びっくりしたと下谷をかけた。

f・江戸なまり

あたぼう　当り前だ、べらぼうめを縮めて。

ありが〱　ありがたい。

いきぐみ　意気込み。

おいそら　おいそれ。

きっそう　血相。「きっそう変えて」

きなきな　くよくよ。

きやきや　ひやひや。

こそっぱゆい　こそばゆい。くすぐったい。

しばや　江戸っ子は芝居をシバヤといった。

ぜっぴ【是非】　ぜひ。「ぜっぴもねえ」

だっても　だって。

だまくらかす　だます。

たませえ　魂。

てやんでい　何いってやんでいを縮めて。

どぜえむ　土左衛門《どざえもん》。

どっちり　どっさり。

なってえ　何でえ。

ぬくぬくと　ぬけぬけと。

ぺーいち　一杯飲む。

ほんりゃ　そりゃ。

めっける　見つける。「めっけもん」

わくわくする　びくびく暮らすこと。

g・慣用句

合せ者は離れ者　元は他人が合わさったのだから、やがて離れる。夫婦別れのたとえ。

ありがた山のとんびがらす　ありがたい。

伊勢屋稲荷に犬《いん》の糞　江戸に多いもの。犬の糞が多いのは、生類憐みの令により犬が町にあふれたためという。江戸初期にできたことば。

鰯《いわし》の頭も信心柄《がら》　鰯の頭でも信心次第で効き目がある。

打《う》っ棄《ちゃ》っておけ、煤払《すすはら》いには出よう　（失せ物などが）放っておけば見つかるという意味。

馬には乗ってみろ、人には沿ってみろ　何でも経験してみろという意味。

喧嘩過ぎての棒ちぎり　喧嘩が終わってから駆け付けること。後の祭り。

庚申の夜　庚申の夜に交わってできた子は盗人《ぬすっと》になるという俗信があった。

蛇《じゃ》の道はへび　同類のことはよく知る。

女郎の千枚起請　真心がないこと。

尻に目薬　何の効き目もない。

飛んだ山へ引き籠り　思いもよらないこと。

憎い鷹には餌《え》を飼《か》え　苦手な人には金品を送ればいい。

目の寄るところへ玉　似た者が集まる。

h・美意識

あだ【阿娜】女のなまめかしい様子。

いき【粋】物がよく分かり、身なりも垢抜けして、色気がある。

いさみ【勇み】鳶《とび》人足などの侠気。

いなせ【鯔背】ぼらの幼魚「いな」の背に似た魚河岸風の髷のかたちから威勢がよい。勇み肌。

おつ【乙】趣がある。変わっている。褒めことば。

きおい【侠】勇み肌。

きっぷ【気っ風】性質。気前。

きゃん【侠】男っぽく活発な女性。

小股が切れ上がった　きりりとした女性。

渋皮のむけた　垢抜けていること。

ちゅうっぱら【中っ腹】短気で威勢がよいこと。

つう【通】遊里に通じること。

i・強調語

江戸っ子は語気を強める接頭語を多用した。

いけ　「いけしゃあしゃあ」「いけ好かない」「いけぞんざい」など。

おっ　「おっぱじめる」「おっかぶせる」「おったまげる」など。

から　「からごと」「からっ下手」

くそ　「くそ親父」「くそ婆ァ」「くそったれ」

こ　「こざっぱり」「こぎれい」「こにくらしい」

コー　江戸っ子が威勢をみせるときにいう。「コーきいてくれ」「コーいうってえか」と、何かにつけ頭に「コー」をつけて話す。向こうの方から「コーコーコー」と飛んでくるときは「オイオイオイ」といっているのである。

すっ　「すっとんきょう」「すっぱだか」「すっとぼける」など。

ひっ　「ひっくくる」「ひっぱたく」「ひったくる」など。

ぶっ　「ぶっころす」「ぶっかける」「ぶっつける」など。

ぶん　「ぶんなげる」「ぶんまわす」など。

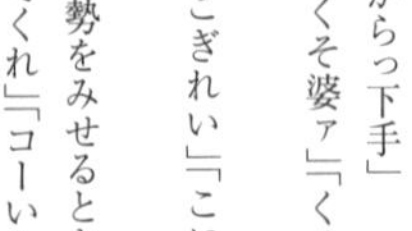

江戸社会の決まり事〜その二〜

今日は何月何日？

月日のたつのは早いもの——といいますが、これは暦が月と太陽の運行によって定められていた時代の名残のように思います。かつては太陰《たいいん》＝月の満ち欠けのひとめぐりをもってひと月とし、さらに太陽の運行から一年を割り出しました。これを陰暦《いんれき》、正確には太陰太陽暦《たいいんたいようれき》といいます。古来中国の暦法に習ったもので、日本では平安時代にはじまり明治六年（一八七三）まで、千年あまりつかわれていました。旧暦とも呼ばれます。

月の運行を第一とする旧暦は、現在の太陽暦とは日付の決め方がすっかりちがっていました。現在は一年を三六五日と定め、四年ごとの閏年《うるうどし》に一日加えて三六六日とします。何年先までもカレンダー通りに日付が決められて、変更されることはありません。ところが旧暦のつかわれていた江戸では、一年が三五四日であったり、三八四日になったり、しばしば十三カ月になったりします。

いきなり江戸に行ったなら、今日が何月何日かを知ることすらむずかしいでしょう。

大の月・小の月と閏月

旧暦の基準となる月の満ち欠けひとめぐりを朔望月《さくぼうげつ》といいます。

月の位置が太陽とおなじ方向にあるとき、つまり月がまったく姿を現わさない新月を一日目と定め、「月が立つ」という意味から朔《つい》日《たち》と呼びました。日没後ようやく月が肉眼で認められる三日目、か細く弓を張った☽の形を三日月といいます。七日には太陽とおよそ九〇度離れた状態にあり、日没の時分に左半分が欠けた上弦の半月が南中します。十五日に太陽と正反対の位置にくると満月。十五夜というのは十五日の望月（満月）をいいました。十五夜を境に月は右側から欠けていき、二十二日に右半分が欠けた下弦の半月となります。この月は夜半過ぎでなければ見えません。やがて月はふたたび太陽の方向へと戻っていきます。

この朔望月ひとめぐりをもってひと月を定める旧暦では、かならず十五日が満月となるので、江戸の人は月の形から今日は何日か見当をつけることができました。本来の「月」の意味にもかなっていますから、これは分かりやすいといえます。

ところが朔望月のひと月は約二十九・五二日と半端です。一日の途中で月が変わってしまうのは具合が悪いので、ひと月が三十日の大の月と二十九日の小の月を定めて調整しました。ただし何月が大の月、何月が小の月というふうには決まっていません。

さらに朔望月の十二カ月は三五四・三六日であり、太陽の運行——つまり現行のグレゴリオ暦——の一年三六五・二四日とくらべて十一日も短くなってしまいます。そこでおよそ三年にいちど（正確には十九年間に七回）二十九日もしくは三十日の閏月《うるうづき》というものを設けました。閏月の決め方はのちほど説明するとして、たとえば一月に閏月がくる年では、通常の一月のあとに閏一月がはじまり、正月が二回やってくる（正月行事は二回おこないません）という、ちょっと乱暴な調整がおこなわれます。

江戸の人びとは、毎年末に出される暦によって、はじめて来年の大の月と小の月、そして閏月の有無を知りました。

暦の読み方

多数の商人、職人たちの活躍する江戸では、暦は欠かせないものでした。取引や納期、借財などは日限を区切っておこなわれますから、のんびりした時代とはいえ、月の大小や閏月の有無などは是非とも知っておかなければなりません。そのため、しっかりした商家はもちろんのこと、裏店住まいの零細民にいたるまで、どの家にも暦はかならずあったものです。

現代のカレンダーにあたる暦は、いろいろな種類が出回りましたが、そのひとつに大小暦というものがあります。これは月の大小が判じ絵になっていて、パズルを解くような楽しさがありました。

ひとつ見てみましょう。

なぜか魚と菜を売る兎の絵ですが、これが暦の役割を果たします。兎(卯)の半纏《はんてん》には「癸」の文字があり、これで癸卯《みずのとう》(天明三年)となります。後ろの盤台には小鯛《こだい》が二尾、前

兎の大小暦「天明絵暦」(国立国会図書館蔵)

は大根《だいこ》が四本。つづけて「小《こ》大《だい》小《こ》大《だい》大《だい》小《こ》大《だい》小《こ》大《だい》小《こ》大《だい》小《こ》」と売り声になっています。つまり天明三年は二月、四月、五月、七月、九月、十一月が大の月（三十日）、一月、三月、六月、八月、十月、十二月が小の月（二十九日）だという判じ絵ですね。

江戸の人びとは毎年変わる暦をこんなふうに楽しんでいました。

四季と二十四節気

旧暦はいまの立春（二月四日頃）から正月がはじまり、季節の進み方も現代とくらべて一カ月ちょっと早くなります。そして、春（一月〜三月）・夏（四月〜六月）・秋（七月〜九月）・冬（十月〜十二月）、と四季がはっきり決められていました。だから四月朔日、九月朔日の衣替えともなれば、江戸市中では人々の着物が夏物、冬物にすっかりと変わります。誰もが季節に合わせた生活習慣を送っていました。それに比べると現代は、暦の上での春夏秋冬が実際の季節の移ろいとマッチしていないこともあって、四季の感覚はずいぶん曖昧になったように思います。

自然とともに暮らす人びとにとって、暦は季節を示すものでなければなりません。江戸人にとってもそうですが、農村ではさらに重要でした。種まきから収穫まですべて季節に沿っておこなう必要があったからです。

そこで農耕作業には、古代中国の暦法家が朔望月にかかわらず、太陽の運行だけで季節を定めた二十四節気《にじゅうしせっき》というものを用いていました。これは一年を二十四等分して（厳密には旧暦だと等分でないのですが、細かいことは目をつむります）、季節を区分する「節」と月を決める「気（中）」を交互に置きます。たとえば正月なら前半の立春が「節」、後半の雨水が「気（中）」となります。

二十四節気を並べると、表のようになります。現在も時候につかわれるお馴染みのことばが多いでしょう。なお日付はおおよそ現代の暦にあてはめています。これを基準に農作業に支障がないように工夫していました。

ところで太陽の運行をもとにした二十四節気では、月の間隔は三六五・二五日割る十二で三十・四四日となり、朔望月二十九・五二日と一日弱のちがいがでてきます。すると三十三カ月ないし三十四カ月で朔望月ひとつ分ずれてしまいます。このとき月を決める「気」がない月が生じてしまうので、ここに閏月を置く決まりとしました。「置《ち》閏《じゅん》法《ほう》」といわれるものです。

このような暦の決め方は大変にむずかしく、江戸では幕府の天文方が観測をもとに作成し

季節	二十四節気	月	節・中	日付
春	立春	正月	節	二月四日
	雨水		中	二月一九日
	啓蟄	二月	節	三月五日
	春分		中	三月二〇日
	清明	三月	節	四月四日
	穀雨		中	四月二〇日
夏	立夏	四月	節	五月五日
	小満		中	五月二一日
	芒種	五月	節	六月五日
	夏至		中	六月二一日
	小暑	六月	節	七月七日
	大暑		中	七月二三日
秋	立秋	七月	節	八月七日
	処暑		中	八月二三日
	白露	八月	節	九月七日
	秋分		中	九月二三日
	寒露	九月	節	一〇月八日
	霜降		中	一〇月二三日
冬	立冬	一〇月	節	一一月七日
	小雪		中	一一月二二日
	大雪	一一月	節	一二月七日
	冬至		中	一二月二二日
	小寒	一二月	節	一月六日
	大寒		中	一月二一日

ておりました。

元号と干支

年の呼び方も見ておきましょう。元禄とか文政とか慶応というのは、平成や令和とおなじく元号です。いまは天皇一世一元ですが、江戸時代には天皇の交替以外にも慣例や災害などを機に、ときにはさしたる理由もなく元号が変わることもありました。ところがテレビやネットもない時代ですから、元号が急に変わっても、それを知らない人もたくさんいたわけです。

そんなことから元号ではなく干支により年をあらわす十干十二支《じっかんじゅうにし》が一般的につかわれました。

十干＝甲《きのえ》・乙《きのと》・丙《ひのえ》・丁《ひのと》・戊《つちのえ》・巳《つちのと》・庚《かのえ》・辛《かのと》・壬《みずのえ》・癸《みずのと》

十二支＝子《ね》・丑《うし》・寅《とら》・卯《う》・辰《たつ》・巳《み》・午《うま》・未《ひつじ》・申《さる》・酉《とり》・戌《いぬ》・亥《い》

これを陰陽五行にしたがって次頁の表のように分けます。

陽の十干と陽の十二支、陰の十干と陰の十二支、この組み合わせを交互に並べると、甲《きのえ》子《ね》・乙丑《きのとうし》・丙寅《ひのえとら》・丁卯《ひのとう》・戊辰《つちのえたつ》……ここでピンとくる人も多いでしょう。そう、幕末の戊辰戦争というのは、まさに戊辰の年にはじまった戦のことなのです。乙巳《いっし》の変、庚午年籍《こうごねんじゃく》、壬《じん》申《しん》の乱、辛亥《しんがい》革命、甲子園球場など、いずれもそれが起こった年、つくられた年の十干十二支から名づけられています。

さて、陽の十干と陽の十二支の組み合わせは五掛ける六で三十通りとなります。陰の十干と陰の十二支の組み合わせもおなじく三十通り。合わせて六十通りで、おなじ干支が再

五行	陽の十干	陰の十干
木	甲	乙
火	丙	丁
土	戊	己
金	庚	辛
水	壬	癸

陽の十二支	陰の十二支
子	丑
寅	卯
辰	巳
午	未
申	酉
戌	亥

びめぐってくるのは六十一年目となります。これを人の一生にあてはめると、生まれた干支をもういちど迎えるのは満六十歳のとき。これを還暦（本卦還り）といいます。人生五十年といわれた頃ですから、十干十二支を二度数えることは大変におめでたいとしてお祝いをしました。

第三章

江戸で天職に出合う

商人の暮らし

ひと口に商人《あきんど》といっても、目抜き通りに店を開いて百人も従業員を抱える大店から裏店住まいの行商人まで業態はさまざまですが、消費都市江戸ではそれぞれが経済活動の役割を担いました。大通りには大店が高級品をあつかい、横町の小店は生活用品や食べ物を商います。繁華な場所には床店や屋台店などが小商いし、裏通りを行商人が売り声とともに行き過ぎます。かれら大小商人はすべからく江戸の経済生活をかたちづくっていました。

士農工商（江戸では身分制度というよりも単に職業区分ですが）のうちでは儲けに走るからと下位におかれる商人ですが、事実上は社会をうごかすことのできる実力者であったことはまちがいありません。

せっかく新自由主義《ネオリベ》の世界をはなれて江戸にやってきたのに、またぞろ銭儲けにうつつを抜かすならそれも上等。

また、その日暮らしの棒手振稼業に身をやつすのも一興でしょう。アイデアひとつで世の中を渡ってゆける江戸では、その気になれば起業《ベンチャー》の可能性は満ちています。もちろん何もしたくなければ寝ていたってかまいません。

商家の生活

［奉公人の一日］　江戸の商店の営業時間は朝五ツ（午前八時頃）から暮六ツ半（午後七時頃）までと決まっていました。店舗の裏が住居になっていて、奉公人は暁七ツ半（午前五時頃）に起き出し、番頭（管理職）の指示で手代（正社員）は品物の確認、小僧（見習い）は店前の掃除とそれぞれ開店準備にかかります。全員がいっしょにとる朝食はご飯と味噌汁だけ。しかも味噌汁にほとんど実が入っていません。奉公人の食事は概して裏店の住人よりも劣悪でした。

開店するとまもなくお客がやってきます。江戸時代の大店は、店先に商品を並べる店頭販売ではなく、店の者がお客の要望をきいて奥から商品を出してきました。店舗兼住居に隣接して蔵があり、在庫商品が入れてあります。こうした商いを座売《ざうり》販売といって、お客とのやりとりは座敷にすわっておこないました。これにはかならず男が対応し、女の手代というものはありません。また外回りの手代や小僧の多くは、大きな荷物を背負って御用聞きに出ました。

昼食は手のすいた者から三々五々済ませます。女中《おさんどん》が気を回せば焼魚のおかずにありつけることもありますが、たいてい八杯豆腐やら煮豆が関の山でしょう。だから手代は外回りのときに、こっそりと鮨や蕎麦を食べるのが何よりの楽しみでした。

暮六ツ半（午後七時頃）に表戸を閉じたら、今度は帳面付けや商品確認といった棚卸しにかかりますが、その合間にお香子で湯漬けをかっこむのが夕飯です。それから小僧は習字や算盤の訓練があり、教える手代も休憩していられません。それが終わるとようやく休めるのですが、よく商品がなくなって店の者が全員で探すなんてこともあったので、就寝はたいてい夜四ツ（午後十時ごろ）を回ってしまいます。

このように朝から晩まで目の回る忙しさに追いたてられます。そのうえ奉公人は一切の外出を禁じられ（江戸時代末期には手代は月一回、番頭は月二回の休みをもらえる店もありました）、金銭をもつこともできません。まさに禁欲生活を強いられるのですが、それもこれも先々に楽な暮らしができると思えばこそできる我慢でした。

［**奉公人の一年**］　多忙な日々のなかにも年中行事がやってきて、奉公人は少しだけ息をつきます。

正月元日はお店も一日休み。主人とのご挨拶が済むと、その後で祝膳《いわいぜん》が出ました。正月十五日は年二回の薮入りです。この日奉公人は一日休みをもらい、お仕着せといって着物や履物が与えられ、お小遣いと手土産をもたせてもらって、親元へ帰ることがゆるされました。奉公人がいちばん楽しみにしている日です。ただし小僧は里心《さとごころ》がつかないように最初の三年は薮入りがありません。

薮入りや何もいわずに泣き笑い（作者不詳）

はじめての里帰りでの親子の対面をうたった川柳です。正月二十日はえびす講といって商売の神様をお祝いしました。前日の夜にはじまり奉公人にも祝膳がでます。

六月十五日は二年にいちど、天下祭といわれる山王祭がおこなわれます。商家でも前日から店をすっかり片づけて、祭りの支度にかかりました。この日は祝膳も出るし、お酒もふるまわれます。七月十六日にはお盆の薮入り。正月のときとおなじく親元に帰ったり、遊びに出かけたりと嬉しい一日を過ごします。九月十五日は神田祭。これは山王祭りと一年おきに交替でおこなわれます。十月二十日のえびす講は商売繁盛祈願のお祭りで、大伝馬町にお祭り道具や食べ物を売る市が立って、正月よりも盛大でした。

十二月十三日の煤払《すすはら》いは、江戸中の商家がいっせいに大掃除をします。店の者総出で隅々まで履き、神棚もはらい清め、掃除がすむと奉公人を胴上げするのが常でした。いつも威張っている番頭が放り上げられたまま落とされたり、普段つんとすました女性奉公人の裾がまくり上げられたり、ちょっとした仕返しができます。そのあとでお酒がふるまわれました。煤払いが正月を迎える最初の行事で、二十五日は餅つき、二十九日には注連縄《しめなわ》飾り、三十日の大晦日《おおつごもり》はお得意への掛け取り回り（江戸では多くの商品が掛け売りでした）とあわただしく年末がすぎていきます。

［**大商人への道**］　奉公人の出世はお店《たな》によってもちがいますが、ここでは大商店につとめる奉公人の、エリート昇進の道筋を見ていきましょう。

お店者《たなもの》には中途採用はありません。すべて店で小僧のときから教育を受けて、一人前の商人に育て上げられました。江戸の大きな商家には伊勢商人と近江商人が多く、そうした店では本国の方で十歳くらいから小僧(丁稚)として雇用されます(なかには六、七歳で寺子屋に学びながら通い奉公をしている子もいました)。まずは水汲み、掃除、薪割りなどにはじまり、基本的な行儀や挨拶をみっちりとしつけられました。そして小僧のうちから目をかけられた者が江戸の店に行くことができます。

江戸では「——吉」と店の呼び名をつけられて、小僧の見習い期間として無給ではたらきます。小僧は足袋の着用がゆるされず、冬でも素足でした。昼間は子守や掃除に使い走りと店の雑用をこなし、慣れてくれば先輩の手代について外回りにもでます。夜は読み書き算盤の稽古——とくに桁の長い算盤をつかって金・銀・銭の複雑な相場換算ができるようなるのは大変で、覚えが悪いと先輩にこづかれました。小僧のなかにはつらい修行にたえかねて、やめてしまう者も多かったといいます。

普通の商家では三年つとめると藪入りに親元へ帰ることがゆるされますが、近江商人の店では奉公五年目に初登りといって、いったん退職のかたちをとって帰省しました。見込みのない者はそのまま本国におかれ、再勤務をゆるされた者だけが再び江戸に出てきます。半数ほどの小僧がここでふるいにかけられました。

十八歳で元服して前髪を落とすとともに手代に昇進します。いわば正社員として給金が貰えました。呼び名も「——七」とか「——兵衛」と変わり、旦那や番頭、来賓の前で改名披露がおこなわれます。「このたび——吉を手代とし、——七と改名いたします」

あたらしい羽織《はおり》に袖を通し（ただし普段は着用できない）、足袋を履くこともゆるされました。手代になると番頭に教わりながら売買仕法、帳面づけ、取引先との商談など商いの本筋にかかわるようになります。手代クラスは一年おきの中登りで短日間の里帰りがあって、このときに勤務評価がなされます。給金も上がりますが、現金支給は少なく、ほとんどは店が預かって退職時の積立金としました。

こうして十年の年季奉公をつとめ上げて、三度中登りをした手代が番頭格に昇進します。大商店では一番番頭から十番番頭くらいまでいて、その末席に加わりました。番頭ともなれば支配人として店の経営を切り盛りし、奉公人の監督も任されます。普段から羽織を着ることもゆるされ、また外出もある程度はできるようになりました。

さらに五年から十年つとめて、番頭の手腕がみとめられると、別宅に住み妻帯がゆるされます。これがだいたい三十五歳前後。商人の婚期は遅れがちでした。別宅がゆるされても一年間は御礼奉公をつとめるのが習わしですが、伊勢、近江出身の大店では、妻を本国に残したまま（関東後家といわれました）、江戸でさらに三年間つとめました。御礼奉公が済んで、およそ四十歳をこえた頃に、このまま店でつとめあげるか、それとも独立するかを決めます。店に残る場合は通い番頭として商売の後見役になりました。給金もたくさん貰えるし、のちには隠居生活も支えてもらえるでしょう。

独立する場合は、これまで給金から積立てたお金のほかに退職金や報奨金などあわせて五百両ほどが支給されます。ここでお店との関係はいちおう終わりますが、場合によっては主人家とおなじ商売をするのを禁じられることもありました。

さらに「暖簾《のれん》分け」は通常の独立とはちがい、家名を引き継ぎ、財産を分けてもらって別家となります。これは番頭のうちから見込まれた者だけに話が進められるもので、滅多にはありません。商人にとって最高の栄誉といえます。「暖簾分け」にあたっては別家証文を書き、本家との主従関係は生涯つづきました。

商人の社会では、奉公人が主人といったん雇用関係をもてば身を粉にして働くのが当然であり、主人もまた奉公人が一人前の商人となるまで生活をみていく義務がありました。日本の終身雇用や年功制度の源流はこの時代の商家の主従関係がもとになったともいわれます。長くてつらい奉公ですが、これを無事につとめ上げた末に、独立して自分の店をもつことは奉公人の夢でした。

江戸の人にきいてみよう（二）

桂庵について

花川戸にお住まいの口入屋 **長兵衛**さん

桂庵《けいあん》てえのは江戸の人びとに奉公先を斡旋する口入屋《くちいれや》のことサ。むかし桂庵って医者が縁談や仕事を世話したのに因《ちな》んだそうだが、要するにだ、江戸は何をしても食えるってんで地方の農民が江戸へ流れてくると、そいつらは人別帳に載らない無宿人になっちまう。江戸に宿無しがあふれちゃ具合《ぐええ》が悪いんで、そいつらのうちでも質《たち》の良さそうなのを口入屋が選んで、片っぱしからどこかの奉公人に押し込めるってえ寸法だナ。これには奉公先から紹介料をいただくし、そのかわりにそいつの身元も保証しようってな商売だ。なかには阿漕《あこぎ》な口入屋もいるから困ったものだ。

商家の女中などはたいてい桂庵が一年契約で世話をする。それから椋鳥《むくどり》っていう冬に来て春に帰る半期契約の連中、こいつらはたいてい信州あたりから農閑期にやってくるんだが、米の飯を腹一杯食うことを何より楽しみにしている。いじらしいもんだな。ああ、山出しはたいてい働き者《もん》だよ。

かくいう俺も口入屋でナ。ただし武家相手の日雇人宿請負人といって、とくに参勤交代のお供の数合わせに日雇人を調達してやるのがおもな仕事だ。内証だが旗本なんかに妾を紹介することもあるヨ。何ならあんたにも世話してやろうか。

裏通りの商店

表通りにあって間口十間以上の商店を大店と呼びます。表通りには十間間口に満たない小店もありましたが、表通りでの店借は、たとえば日本橋小舟町辺の沽券図には、ひと坪あたり月に銀七匁から十匁、間口二間半の商店でも月額賃料が二両になりました。かなりの経費《かかり》ですから、相当の商いがないとやっていけません。そこで小店は裏通りの横町《よこちょう》や新道（しんみち・じんみち）で商いをしました。

ここで横町と新道について説明をしましょう。

江戸の町割は、基本的には四辺を表通りにかこまれた京間六十間（一一八メートル）を一辺とする正方形に区画されました。そして道路から二十間の幅で町屋がつくられるのですが、そうなると中央に二十間四方の空き地が生じてしまいます。これを会所地《かいしょち》といい、ゴミ捨て場や火除地にあてられました。しかしゴミの悪臭が問題となり、乱雑な土地利用が防火をかえって阻害するとされて、ゴミ投棄は禁止されます。やがて江戸の人口が増えてくると、土地を遊ばせておくのはもったいないと、町の地主らが相談して会所地に私道をつくりました。これを新道といいます。新道を通すと、そこに商店などができて地価があがるから好都合でした。この新道が幕府に公認されると横町と呼ばれます。そしてもとは会所地のあったところに裏長屋（裏店）がつくられていきました。

横町や新道には床屋や湯屋のほか、八百屋や魚屋などの小売店、蕎麦屋、鮨屋、居酒屋などの飲食店が軒を並べました。とくに飲食店が多いのは表通りでは火をつかう商売が禁じられたためです。また、小唄や常盤津などの稽古場とか町医者の開業もたいてい細い新道でした。通りの名前も入口に鍋を売る店があるから鍋屋横町、蛤商人が住んでいるから蛤《はまぐり》新《じん》道《みち》など個性的で、裏通りながら繁盛した様子がうかがえます。裏店住まいの者たちが、いつか長屋を這いだして通りに店を構えたいと願うのは、こうした小店の商売でした。それから横町や新道には商店のほかに隠居所などもつくられました。落語に「横町のご隠居」が登場するのはそのためです。

町割りの変化

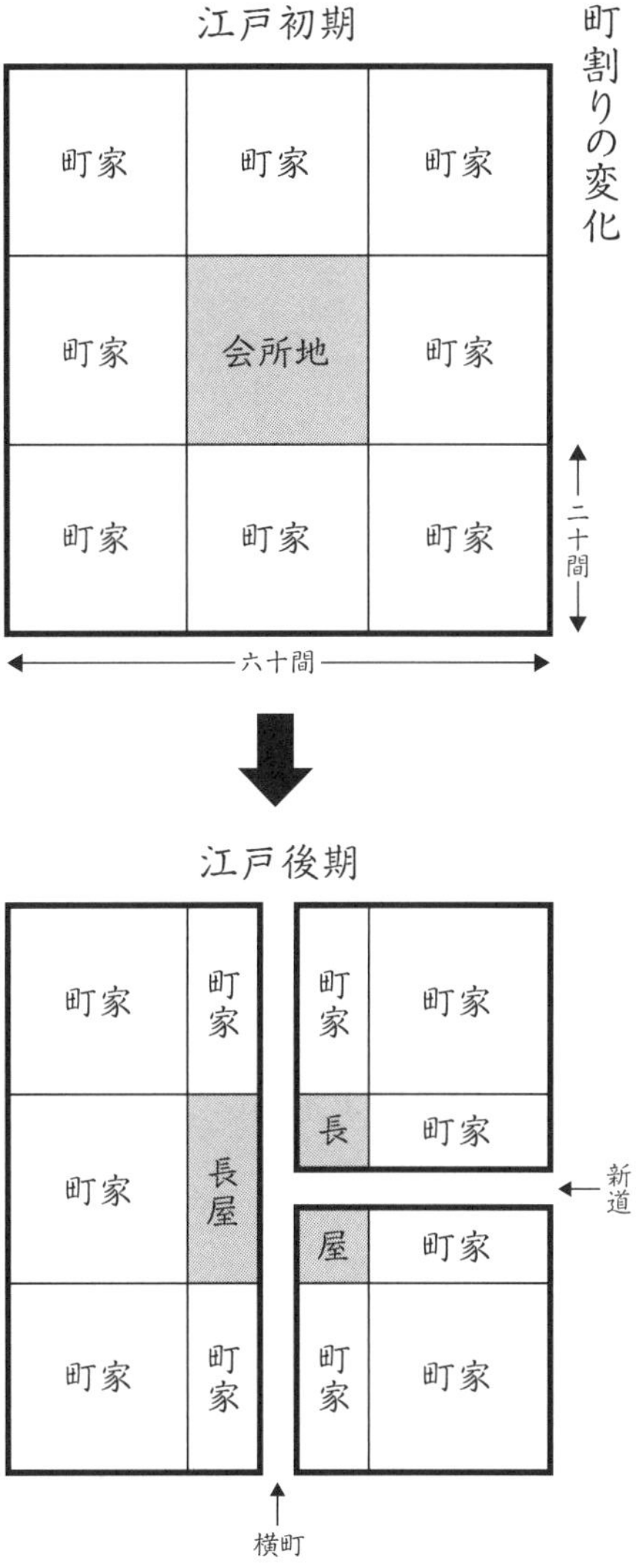

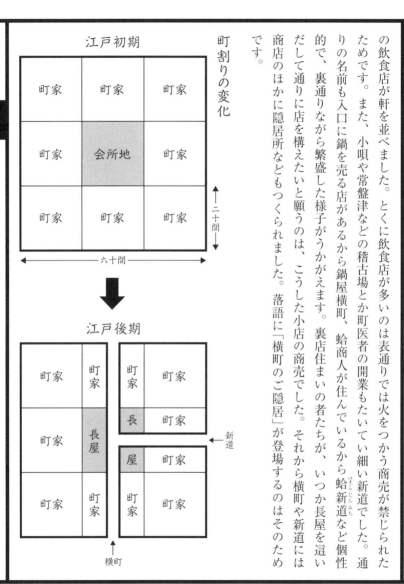

仮店商いのいろいろ

店借をするのではなく、人通りの多い場所に固定・半固定の仮店《かりだな》を出して商いをする者たちもいます。その形態から床店《とこみせ》・屋台店・天道《てんとう》ぼしなどがありますが、いずれも店借ほどは資金もいらず、地主などの地権者、寺社地では的屋《てきや》の組織に場所の使用料を払って商売をしました。また住居は別に持ち、多くは裏店住まいです。

このうち床店は、町なかの軒下、橋や土手などに小屋掛けし、いろいろの物を商います。町なかのものは地主が小屋をつくり、賃料をとって貸しました。だいたい九尺四方（約二七〇センチ四方）で月二分二朱（約五〜六万円）ほど。長屋のように数軒が並んでいるところもあります。一方、橋のたもとや土手にあるものは、自分で小屋を掛けて商売をしました。床店では小間物――江戸ではとくにガラス器や羅紗《らしゃ》をつかった唐物――や小布《こぎれ》や草履、飴などの砂糖菓子が多く売られます。

次に屋台店は、床店のように固定ではなく、一時的に屋台を置いて商い、用がなくなればそっくり移動させます。こちらは繁華な場所でもっぱら食べ物を売りました。江戸では天ぷら屋と寿司屋の数がもっとも多く、夜になると町内に三、四軒は出たといいます。ほかにも酒や酒肴、菓子、餅を売る店もありました。

さらに天道ぼしとは、路上に筵《むしろ》を敷いての露天商いで、おもに古道具や古本などを売ります。かれらのうちに室町店（日本橋室町通り筋に出ていたための名）という一派があって、煙草入れ、煙管、矢立《やたて》(筆と墨汁を入れた携帯筆記具)などの新品を商いますが、見かけは綺麗でも粗末な品物なので、江戸の人たちはまず買いません。江戸見物の地方人相手の商売でした。

行商人の生活

第二章で見たように行商人の業態は多種多様にわたり、食べ物や生活用品を商うほかに、修理、交換などあらゆることを生業とします。行商人は誰でもいつでもはじめることができる半面、利の薄い商いでした。もともと振売りの行商は老人や子供、身体障害者など社会的弱者を救済するために許可されたものです。のちに誰でもできる商売となっても、ほとんどが裏店住まいの零細商人でした。

江戸後期の故実家《こじつか》(有職故実の研究者)栗原柳庵《くりはらりゅうあん》(一七九四―一八七〇)の著した『文政年間漫録』に野菜の行商人の暮らしが書かれています。

「……菜籠《なかご》を担って夜明けの時分に銭六百七百の仕入金で蕪、大根、蓮根、芋を買い、力のかぎりに肩の痛いのをものともせず、足にまかせて歩き声をはり上げる。〝かぶらなめせ、大根はいかに、蓮《はす》も候《こう》、芋や芋や〟日が西に傾く頃、帰途につく……家では妻がだらしなく昼寝の夢のさなかで、ふたりの幼子もいっしょに転がって寝ている。菜籠を片づけて竈に薪をくべる。財布の紐を解いて明日の元手を除《の》いておき、また、店賃を竹筒に入れていると妻が目を覚まし、米代は、という。ほらよ、と二百文を与えれば、味噌も醤油もないという。さらに五十文を渡す。妻が米を買いに出ると子供らが起きてきて、父々《とと》、菓子のお金をくれろという。十二、三文与えると、外へ出て行った。ここで残る銭が百文あまり……二百文あるかな。これで酒を飲もうか。いや雨の日、風の日にそなえて貯金しておくとしよう。これがその日稼ぎの軽い商人のなりわいである……」

行商の八百屋が元手六百～七百文で一貫二百～三百の売上げがあり、一日の儲けは四百文から五百文だったことが分かります。ここから生活費を差し引くと百～二百文が残りますが、商売に出られない荒天の日の備えも必要で、楽な暮らしではありません。さらに元手を持たない者は一日七百文ほどの銭を借りて、日に二十一文の利息を支払わなくてはならず、なお苦しい。これで貯蓄するなど無理というものです。

職人の暮らし

江戸で専門技術によって物をこしらえる職人の種類は、百をはるかに超えます。建築物から生活道具のすみずみまでが職人の手で生み出され、物の向こうには、かならずつくり手の顔が見えました。

幕末に江戸を訪れたスイス人外交官エメ・アンベール（一八一九―一九〇〇）は、工芸品の精巧さ、とくにわずかな道具で高い品質をうみ出す技術力の高さに驚き、「江戸の職人は真の芸術家である」と書き残しています。また、お上から華美を禁じられれば、それに反発して逆に渋い意匠を凝らすというように、権力におもねることなく、自分たちは腕一本で仕事をするという職人気質《かたぎ》を賞賛しました。

そうした職人の腕は長い年月のなかに磨かれていくのであり、はじめに徒弟制度のもとでみっちりと修行しなければ一人前になれません。腕が良ければ食うには困らないけれど、きっと一本立ちできるという保証もないですし、親方以外の職人は生活もそれほど楽ではありませんでした。

損得勘定抜きで物づくりに邁進する――その心意気こそ職人の真髄かもしれません。

宵越しの銭は持たない

「宵越しの銭は持たない」のが職人の気風でした。江戸の消費が増えるにつれて、仕事はいつでも入ってくるし、火事の多い江戸の町ではひとたび大火でもあれば、再建のための職人需要がいっぺんに高まります。まず食いっぱぐれはありません。

手間賃は腕にもよりますが、上職人といわれるようになると大工、左官、屋根葺《ふき》でひと月に二両一二三〇文が町方の法定相場でした。これはもちろん行商人の収入よりもはるかに上です。

大工の一日は、始業が朝五ツ(午前八時頃)で朝四ツ(午前十時頃)に四半刻ほど休憩をしてもうひと仕事。昼九ツ(正午)から半刻の昼休みをとって、午後はあいだに半刻ほど休憩を入れながら暮六ツ（午後六時頃）までが仕事時間です。こうして見るとずいぶん働くようですが、災害後など繁忙時以外は昼くらいで仕事を切り上げることもたびたびですから、実働時間は一日四時間くらいでした。仕事はテキパキとこなすのがモットーで、いつまでも仕事を止めないと、腕が悪いから終わらねえ、と軽蔑されます。そうして午後は湯へ行ったり、床屋へ行ったりして、仲間たちと世間話に興じるとか、夜は寄席に出かけるなどいたって気楽に過ごしました。

きびしい徒弟制度

腕のよい職人となれば、楽に世の中を渡ってゆけるでしょう。しかし、そうなるまでが大変でした。徒弟制度で何年ものあいだ厳しい修行の末にやっと一本立ちすることができます。商家の奉公と似ていますが、商家が奉公人にみっちり商いの仕法を叩きこむのに対して、職人の技は「盗んで覚える」もので、手取り足とり教えてはもらえません。

たとえば大工になるには、十二、三歳の頃に弟子入りし、親方の家に住み込みます。もちろん給金など貰えません。まずは飯炊き、掃除、洗濯、家の雑用などの下働きに明け暮れます。二年ほどして、ようやく親方について現場に出ることがかないますが、毎日掃除や使い走りばかりで、やはり何も教えてはもらえない。五、六年たってもまだ半人前あつかいで、ちょっとヘマをすれば平手が飛んできます。多くは理不尽に耐えかねてやめてしまいますが、それでも熱心に仕事を見て覚えていく者が十年という年月を積み重ね、何とか一人前として認めてもらえました。それから一年ほどの御礼奉公の後、親方から真新しい道具一式を買い与えられて、晴れて一本立ちすることができます。ただし、独立しても親方になれるわけではありません。

親方とは表店に住んで仕事を請け負って差配する者で、棟梁（とうりょう、とうりゅう）とも呼ばれます。親方になれるのはその子息のみで、親方に子がない場合にかぎり養子をとる、あるいは金銭による親方権の譲渡がおこなわれました。大工として独立すると、親方から手間仕事を引き受けるか、自分で仕事を見つけて請け負います。また渡り大工といって、現場を渡り歩く仕事もありました。

出職と居職

職人には外に出かけて仕事をする出職《でじょく》と家のなかに仕事場をもつ居職《いじょく》があります。

出職はおもに建築関係で、その代表が町家の建築や修繕をおこなう町大工です。ほかに寺社建築の伝統的技術

町大工
仕事はテキパキと、早めに切り上げる。
「競腰業平形」
（国立国会図書館蔵）

左官の漆喰は耐火の役割を果たした。「江戸職人歌合」（国立国会図書館蔵）

をもつ宮大工。茶室をつくる数寄屋大工。戸・障子・襖などの造作を仕事とする建具師。和船をつくる船大工などがいます。

左官（さかん・しゃかん）は建物の壁塗りを仕事とします。産地ごとに性質のちがう土をつかいわけるのが左官の真骨頂です。左官のつくり出す漆喰仕上げは土蔵類の耐火性を高め、江戸の町を火事から守りました。

鳶職《とびしょく》はかつて仕事師といって城の普請など高所の仕事を請け負う者たちで、作業に鳶口をつかうことから名づけられました。町の自治に働き、いろは四十八組の町火消の一員として防火

鳶は町内を守るのが仕事（右）
破壊消火は命がけ（左）
「鎮火安心圖巻」（国立国会図書館蔵）

につとめます。そのほか祭礼の準備・進行や冠婚葬祭の手伝いなど、町内行事に活躍しました。大工、左官と並ぶ職人花形スターともいえる存在です。

一方、居職は室内で坐ってもくもくと作業をします。出職がおもに建築関係の威勢を張る性格であるのに対し、こちらは静かな仕事師の印象です。

指物師は家具や道具類を、釘などをつかわず木に凸凹《ほぞ》をつくって板同士を嵌め込んでつくりました。

指物師は釘をつかわずに組み立てる。
「人倫訓蒙図彙」（国立国会図書館蔵）

居職は室内でもくもくと仕事をする。「宝船桂帆柱」（国立国会図書館蔵）

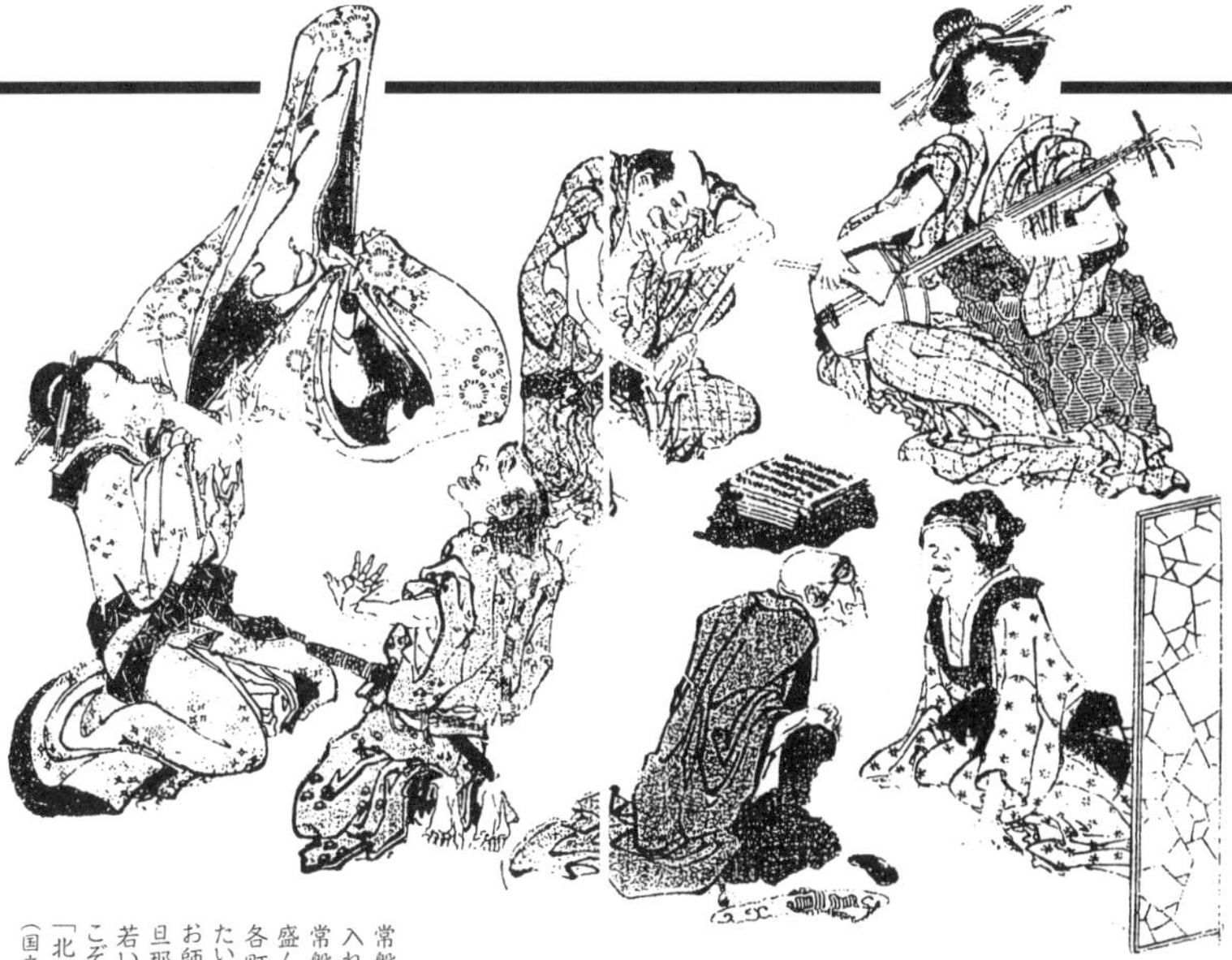

常盤津の師匠に入れ揚げる。常盤津は江戸で盛んな浄瑠璃で、各町内にはたいてい女性のお師匠さんがいて、旦那から若い衆までがこぞって習った。「北斎漫画」（国立国会図書館蔵）

凸凹を仕口といいますが、これが少しもみえないように、堅固に仕上げていきます。

桶屋は風呂桶や盥《たらい》、洗桶、手桶、酒樽など大小の桶や樽をつくりました。葬儀のために手早く早桶（棺桶）もつくります。**畳屋**は畳刺しともいい、太い縫い針で畳の表付けをしていきます。**石工**《いしく》は堅い石を鑿《のみ》で叩いて燈籠《とうろう》や墓石などを刻みます。石の粉塵を吸って胸を痛める者が多い仕事でした。**飾職**《かざりしょく》は板金や針金などをつかって細工を施す職人で、簪《かんざし》などは飾職の仕事です。

女性の居職には、反物から着物を縫い上げる仕立屋、組紐《くみひも》をつくる紐屋、扇子職人、三味線の師匠などがありました。

何をやっても食べてゆける

江戸の社会経済は、物を売る商人と物をつくる職人が主役でした。しかし商人と職人以外にも、江戸には数えきれないほどの生業があります。

ここではちょっと乱暴な分類ですが、身体をつかう人足、学者や絵師など文人、願人坊主や芸人などの遊芸人、何だかよく分からない仕事に分けて、それぞれ紹介していきましょう。

ここに挙げきれなかった生業も含めて、江戸では何をしても食べてゆくことができました。好きなことに身を入れれば、何とかものになるかもしれないし、ちょっとした思いつきや洒落ではじめた商売が思わぬ評判をとることもあったでしょう。

身体をつかう仕事—人足—

動力はほとんどが人力という時代ですから、人や物を運ぶための人足仕事がたくさんありました。そうした業種をいくつか見ていきましょう。

［**船頭**］　船宿に雇われる船頭は粋な商売の代名詞で、女性に大変もてました。

船宿のほとんどが川船宿で、夏の夜、隅田川には川遊びの舟が行き交います。ひときわ大き

新大橋の下流で隅田川が三つ股に分かれる辺は月見と舟遊びの名所だった。図中にはさまざま舟が行き交っている。「江戸名所図会」より
（国立国会図書館蔵）

な**屋形舟**《やかたぶね》は水上のお座敷というべき高級船で、船頭は屋根から竿をつかいました。奢侈禁令で数は減りましたが、いまでも豪商らが酒宴をひらきます。町衆は小ぶりの**屋根舟**《やねぶね》で遊びました。柳橋芸者の送迎にもつかわれますが、何といっても粋な者同士ですから、芝居では屋根舟のなかでまちがいを起こす筋立てです。それで「一人船頭一人芸者」はご法度とされました。**猪牙**《ちょき》**舟**《ぶね》は船足も早く目的地にお客を届けます。利用客の多くは吉原へと繰り出しました。絵には、ほかにも**釣り舟**や**網舟**、酒や食べ物を売る**うろうろ舟**（売ろ売ろ舟）という売舟《ばいせん》も描かれています。

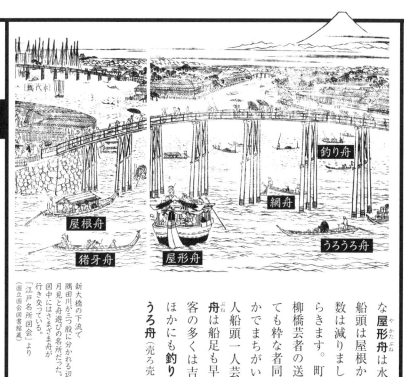

［駕籠かき］ 駕籠かきは背が高いと有利ですから、江戸人よりも身長の高い現代人には向いていそうですが、あまりおすすめできる仕事ではありません。何しろ人が人を運ぶのですから、これほど効率の悪い商売もないでしょう。それに実入りもよくない。駕籠賃は日本橋から吉原大門まで二朱（約一万円）くらいと結構高い——いまのタクシーほど気楽には乗れそうにない——のですが、大半を雇い主である駕籠屋にとられてしまいます。一日はたらいて酒手《さかて》（チップ）を合わせて四百文程度の収入ではとても割に合いません。

　ちなみに町人が乗るものは町駕籠とか辻駕籠といわれ、日本橋辺の街道沿い、とくに乗物町のあたりに駕籠屋が軒を並べました。料金は目的地までの距離とお客の体格を見て相対で決めます。駕籠にはグレードがあって、富裕層や医者が乗る箱型漆塗りの法仙寺駕籠《ほうせんじかご》や小窓のついた黒塗りのあんぽつ駕籠などは上等なものです。庶民は簡単な垂れのついた四《よ》つ手《で》駕籠に乗りました。また、普通は二人でかつぎますが、急ぐときには早駕籠《はやかご》といって、三人が交代でかつぐ三枚は料金が五割増となります。さらに四人交代の四枚だと倍の料金でした。

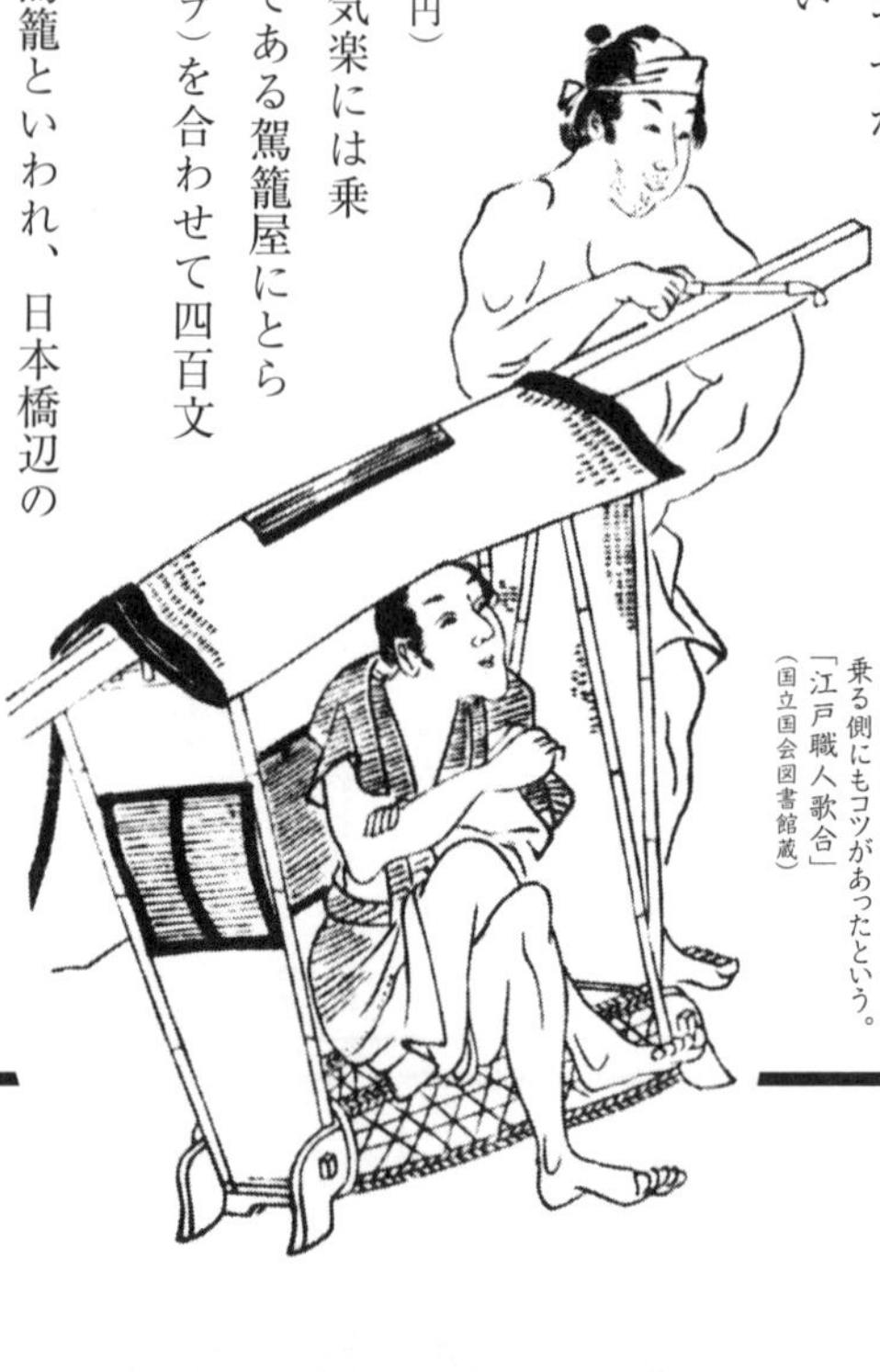

狭くて揺れる駕籠には乗る側にもコツがあったという。「江戸職人歌合」（国立国会図書館蔵）

［**飛脚**］　大坂から江戸まで、毎月「三」の日に出発したことから三度飛脚といわれました。時代劇にでてくる三度笠――竹や菅《すげ》で編んだ顔が隠れるもの――は、この三度飛脚が被ったものです。

大坂―江戸間を三十日で往復する並便は書状一本が十文程度（約二百円）で日数に取り決めはありません。十日以内に届く十日限りは三十文（約六百円）と割増になります。ただし受け渡し手続きがあり、実際は十二日程度かかりました。六日限りの幸便《こうびん》は九日程度で届きますが、料金も銀二匁（約千五百円）と高額です。さらに仕立便《したてびん》となると三日以内かつ日時指定で届きますが、特別に用意するため、書状百本からの取扱いとなります。金七両二分（約三十七万円）かかりました。

駕籠かき、飛脚など身体をつかう仕事には、江戸へ出稼ぎにくる地方人がなることが多かったようです。

文人

江戸の文人はとても範囲が広いのですが、ここでは医者・学者・絵師・戯作者について見ていきます。

［**医者**］　江戸には医者の免許がなかったので、誰でもなりたければ町医者になれました。

そのために怪しい医者もけっこういたようで、落語の種にされています。江戸の医者の多くは漢方医でした。診察は顔色を診て、症状を問診し、触診したのちに診断を下して薬を与えます。薬は草根木皮を乾燥させて砕き、薬研《やげん》で粉末にしたものでした。

当時は多くの患者を診た者ほど名医といわれます。ぜひそういう人に弟子入りして下さい。弟子になったら頭を丸めて、先生の身の回りの世話をしつつ、診察法や薬の調合などを学んでいきます。うまくすればよいお医者さんになれるかもしれません。

［学者］ 江戸で学者になるために、江戸時代に勃興した学問を知り、学究の徒として進むべき道をみつけましょう。

まず国学というものがあります。江戸では和学といった方がしっくりくるかもしれません。これは儒教、仏典の教えをしりぞけ、日本の古典研究から古代日本の思想文化を探求しようという学問です。日本人の精神世界である古道《こどう》を解明していくうちに幕末の尊王思想がみちびかれたともいわれます。

漢学とは中国の学問のことで、経書（四書五経など）、歴史書、漢詩を研究し、思想においては君臣を尊ぶ朱子学、知行合一《ちぎょうごういつ》すなわち認識と体験は不可分とする陽明学などを学びます。幕府が漢学を奨励したこともあり、武家社会にあっては漢詩をつくる際にも、中国の故事をひくことは素養として身につけるべきものでした。また町人において寺子屋、私塾での経書の読解（素読）は書道（往来）とともに最重要でしたから、漢学者の需要は高く、江戸後期の有名な書家であった市河米庵《いちかわべいあん》などは五千人の門人をもち、年に千両もの収入があったといいます。

一方、オランダから入ってきた文化・技術に学ぶのが蘭学で、のちにオランダ以外のイギリス、ドイツ、フランスなど西洋諸国の学術を取り入れて洋学と呼ばれます。その端緒が杉田《すぎた》玄白《げんぱく》、前野良沢《まえのりょうたく》らによる『解体新書』の翻訳であるように、はじめ蘭学者の中心は医者でした。しかし医術以外にも天文、物理、化学などの自然科学や外国情勢がもたらされ、幕末期には砲術、測量術などの軍事技術がより重要となっていきます。

このほか算学（数学）経世学（経済学）軍学（兵法）などがありますが、いずれの学問であれ、皆さんのご研鑽によって拓けることとなるでしょう。

［絵師］　幕府の御用絵師となるには武士の家にうまれ、たとえば狩野派なら、その弟子の子息などは入門がかないます。また弟子でなくても藩主の紹介状――あわせて当家への貢ぎ物（酒・魚・扇子・金など）――があれば入門がみとめられたりしました。それもなければ武家に養子に入るという手もあります。ともかく御用絵師になって名が売れるなら収入も安定することは請け合いです。

しかしあまり堅苦しいのはいやだ、もっと気楽に描きたいというのであれば町絵師、それも浮世絵師などいかがでしょう。浮世絵は裏店の住人がなけなしの銭で楽しむ大衆的な絵画です。大人数でプロダクション制をとった歌川派とか、いろいろ約束事の多い役者絵をつくる鳥居派をのぞけば、個性的な絵師が作風も自由に腕をふるえました。ただし生活はあまり楽ではないかもしれません。浮世絵師の仕事である戯作や絵本などの版本の挿絵にしても一枚摺りの錦絵も、一枚の画料はそう高くはありません。やはり庶民的な商売なのです。そこで裕福な商人などの注文に応じて肉筆画を描いたり、当時の商業広告ともいえる団扇絵を描いたりして糊口をしのぎました。

［戯作者］ 江戸の人びとが楽しんだ通俗小説というべきものが戯作文学です。そのジャンルもさまざまで、まず談義本《だんぎぼん》という世相を風刺した滑稽小説があります。談義僧《だんぎそう》の口調を真似て教訓を織り込みました。風来山人《ふうらいさんじん》（平賀源内）の『風流志道軒《ふうりゅうしどうけん》』はその代表です。

洒落本《しゃれぼん》は遊里の遊びを描いて、当時のお洒落のハウツー本といった内容です。表紙がこんにゃくの色をしているので蒟蒻本《こんにゃくぼん》ともいいました。田舎老人多田爺《ただのじじい》の『遊子方言《ゆうしほうげん》』が有名です。

滑稽本はその名の通りお笑いの本。落語の速記のようなもので、式亭三馬《しきていさんば》の『浮世風呂』、十返舎一九《じっぺんしゃいっく》の『東海道中膝栗毛』などが滑稽本です。

読本《よみほん》は伝奇小説というような波乱万丈の物語を楽しみます。曲亭馬琴《きょくていばきん》の長編小説『南総里見八犬伝』がその代表です。

人情本というのは女性向けの恋愛小説。ハーレクインロマンスといった趣です。為永春水《ためながしゅんすい》の『春色梅児誉美《しゅんしょくうめごよみ》』が代表作。

草双紙は絵入り本の総称で、表紙の色で内容が分かるようになっています。赤本は幼児向けの桃太郎とか金太郎などの民話。黒本はいわゆる少年小説で、曲垣平九郎《まがきへいくろう》といった英雄の武勇伝とかです。青本という芝居の話を絵入りで紹介するものもあります。黄表紙《きびょうし》も草双紙の一種ですが、こちらは大人向けにつくられています。エスプリに富んだ、いわばパロディ作品です。登場人物の会話を吹き出しで描いているものもあって、江戸時代の漫画という人もいますが、漫画とはまったく別のものでしょう。話の筋はさておき、そこに隠されたことばの遊びを読み解く都会文学です。安永四年（一七七五）恋川春町《こいかわはるまち》の『金々先生栄花夢《きんきんせんせいえいがのゆめ》』にはじまります。

戯作は文人が戯れにつくる余技でしたが、のちに出版物が多く出て職業作家もうまれました。戯作者――作家が自虐的にいいました――には謝礼としてお金や品物が送られましたが、潤筆料《じゅんぴつりょう》（原稿料）として受け取ったのは寛政期（一七八九―一八〇二）以後の山東京伝が最初で、それも執筆を約束する貸し金のようなものであったといいます。筆一本で生活できた職業作家といえば十返舎一九ほどの売れっ子だけのようです。

遊芸人《ゆげいにん》たち

ここでは江戸の町を行く願人坊主《がんにんぼうず》などの遊行者《ゆぎょうしゃ》や大道芸、寄席芸人などを見ていきましょう。「願人坊主」とは寺社参詣や水垢離《みずごり》などの修行を依頼人に代わっておこなう僧で、法華経六十六部を行脚する六十六部（六部とも）はその代表です。のちにおかしげな踊りや経文で門付《かどづけ》（門前で芸をして金品を得る）をおこない、乞食坊主といわれました。いまも寄席などでおこなわれる住吉踊りやかっぽれは、もとは願人坊主が広めたものです。

わいわい天王は天狗の面をつけて子供をあつめる。「四季交加」

金毘羅参りは白装束に天狗の面を背負う。「東京風俗野史」

「金毘羅参り」は白装束に天狗の面を入れた箱を背負っています。代参を頼んだ人は天狗を拝んで銭や米を払いました。ちなみに金毘羅さまの参詣人は、天狗の面を背負ったりはしません。

天狗の面をつけて「わいわい天王、さわぐがおすき」とはやして子供らをあつめる**「わいわい天王」**。「牛頭《ごず》天王《てんのう》」と書かれた御札を撒きちらし、あとで家々を回って銭を貰い歩きます。

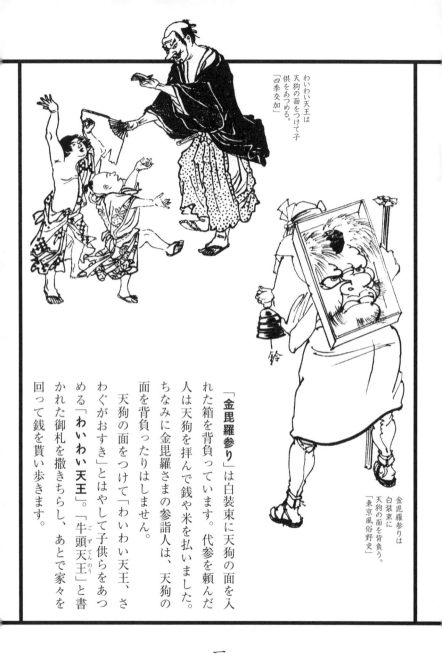

御利生のうたう半田稲荷は
疱瘡、麻疹、安産祈願で知られる。
「古今百風吾妻余波」

虚無僧の出で立ちは
花川戸助六のモデルにもなった。
「吾妻の花」

「**虚無僧**《こむそう》」は有髪の僧で、頭に天蓋《てんがい》という編笠をかぶり、藍か鼠色の着物に袈裟をかけて尺八を吹いて回ります。着物の裾ふきを女の着物のように綿を厚くし、ふっくらと大型の帯を前にむすんで、緋《ひ》縮緬《ちりめん》の長襦袢《ながじゅばん》がのぞく足元に黒塗りの下駄という着飾った姿は、歌舞伎「助六《すけろく》由縁《ゆかりの》江戸桜《えどざくら》」の男伊達、花川戸助六の衣装につかわれました。

「**御利生**《ごりしょう》」というのがいて、「葛西金町半田の稲荷、御利生〳〵、おおきな御利生、すてきな御利生」とはやすと、手に持った鳥居箱からびょーんと狐の首が飛び出します。御利生は仏家の方で男根をさす隠語でした。これを見て、何も知らない子供が騒ぎたてます。

「すたすたや、すたすた坊主の来るときは世の中よいと申します。とこまかせ

でよいとこなり　お店も繁盛でよいとこなり。旦那もおまめでよいとこなり」――「**すたすた坊主**」は冬の寒い日に素っ裸に注連縄《しめなわ》を巻きつけてあらわれ、よいとこ節をうたいながら銭を乞いました。

すたすた坊主の「すた」は寿多であり、大変におめでたい。「盲文画話」

乞食坊主が商家の店先に門付に立つといやがられるので、一計を案じて登場したのが「謎掛け坊主」というものでした。坊主は紙になぞなぞを書いて店に投げ入れると、すっといなくなります。店の者が見ると「白壁土蔵に戸がない　これなぁに」。何だ、謎掛けかと無視しようとしたものの、どうにも気になって仕方ありません。そこへ頃合いを見計らうように、最前の坊主があらわれ「さきほどの答えはのぉ」とじらしながら銭を乞うというものです。「それはトウフ。豆腐じゃよ」答えを告げると立ち去りました。

謎掛けといえば、文化十一年（一八一四）、浅草奥山に「頓知なぞ」という見世物がかかって、大変な評判となりました。御代十六文でお客を入

「金毘羅参り」、「わいわい天王」、「虚無僧」、「御利生」、「すたすた坊主」、出典はいずれも国立国会図書館蔵

れ、高座の坊主が客の投げることばを即興で謎掛けにして解いていきます。「両国橋――ッ」と声がかかると「ハイ両国橋とかけまして、菖蒲《あやめ》刀《だち》と解きます。心は人が切れぬ」とすぐに答えました。小屋のなかには蛇の目傘、米俵、茶碗などが置かれていて、もしも坊主が答えられないときは出題したお客が景品として貰えます。ごくまれに愛嬌で失敗することはあっても、まず即答できたといいます。坊主は奥州出身の盲人で年は二十一歳、芸名を春雪《しゅんせつ》と名乗りました（その心はすぐにとける）。大人気となった春雪の謎ときは、『謎の難題集』など五種の謎本として出版されてベストセラーとなります。

両国や浅草などの盛り場を行けば、いろいろな大道芸を見ることでしょう。

「**辻講釈**」は路上に葭簀《よしず》を囲い、客を入れて軍談をきかせました。別名太平記読みといわれる講談の原型です。木戸銭はとりませんが、「師《もろ》直《なお》の首を長刀の切っ先に貫いて……」と語りながら、講釈師は扇をお客の鼻先にたびたび突き出すので、銭を出さずにはいられま

辻講釈は釈台を張り扇で叩いてリズムをとりながら、皮肉やユーモアを交えつつ歴史や政談を語る。（国立国会図書館蔵）

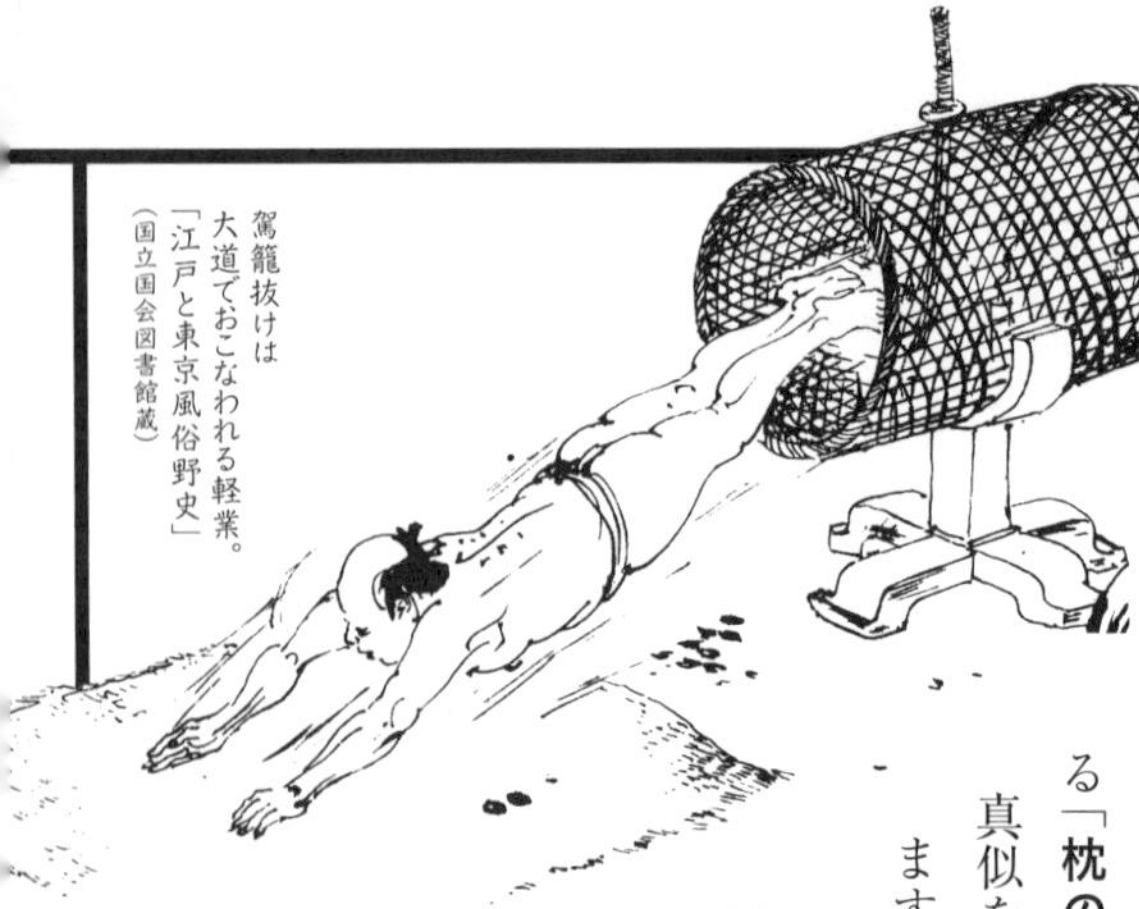

駕籠抜けは大道でおこなわれる軽業。「江戸と東京風俗野史」（国立国会図書館蔵）

せん。おつかいの小僧さんや寺の中間は外で立って聞きました。

木枕をいくつも高く積み上げて、左右に換えたり、抜き取ったり、背中に回したりと、自由自在に操る「**枕の曲梯子**《きょくばしご》」は、多くの江戸人が真似をして、素人のお座敷芸となります。

「**籠抜け**」は台に置いた長さ六尺、幅一尺ほどの筒抜けの籠に抜き身の刀がさしてある前に素っ裸で立ちます。見物人があつまるといったん身構えてから、籠に手を差し入れて「アァ銭が足んねえ」と首を振る。お客が笑って投げ銭をすると、こんどは「ヤッ」という

枕の曲梯子。枕返しとも呼ばれる寄席芸。「絵本御伽品鏡」（国立国会図書館蔵）

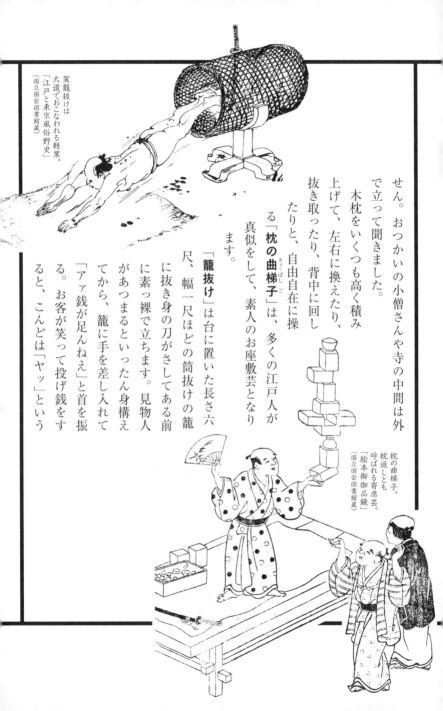

一人相撲は
力士の物真似から
取り組みまで
一人でおこなう。
明治のはじめ頃まで
みられた。
「英一蝶画譜」
（国立国会図書館蔵）

かけ声とともに、長い籠を見事に飛び抜けました。

辻では「**一人相撲**」がはじまりました。裸足の小太りの男が帯を締めずに着物をはおってあらわれ、扇子をひらいて差し出すと呼び出しをおこないます。「東ィ……西ィ……」贔屓《ひいき》の相撲取の名が上がると、見物人は興奮して銭を投げました。軍配を手に行事が仕切ると、ここで着物を脱いで力士の土俵入りです。鼻をかみ、水を飲む仕草まで人気力士の癖を真似するので見物人は大喜びです。取り組みはさらに真に迫り、あたかも目の前で二人の力士が組み合うかのよう。四つに組んだところで動きをとめ、「勝敗は銭次第」というと、見物人は興奮して贔屓の力士の方に銭を投げます。投げ銭の多い方が勝ちになるように演じました。両方おなじときは引き分け

一人芝居は
半身ずつ衣装を変えて
一人二役を演じる。
「江戸と東京風俗野史」
（国立国会図書館蔵）

勝負なしとします。本物の相撲興行を観たような満足感を与えるところがこの芸のすごいところでしょう。

「**一人芝居**」というのもありました。男の身体には左右別々の人物の容姿《いでたち》と化粧がほどこしてあって一人二役を演じます。この絵は「仮名手本忠臣蔵」の五段目山崎街道出合いの段で、客に左側を向ければ与市兵衛となり、右側にかわると盗賊の斧定九郎が刀を抜く趣向でした。一人芝居は商家に呼ばれて演じることが多く、年に数回やってきて、演目も変えたといいます。

最後に「**曲屁師**《きょくべし》」にご登場いただきましょう。曲屁はおならで楽器や動物の鳴き声を表現しました。平賀源内の『放屁論』にその妙《たえ》なる屁芸が記されています。「最初はめでたく三番叟屁《さんばそうべ》をトッパヒョロ〱ピッ〱〱とリズムよく、次に鶏の東天紅をブ〲ブゥーブゥーとひり分け、そのあとブゥ〲〲と水車の音を放ちながら自

曲屁師の見世物。幟に「くさき男」とある。「放屁論」（国立国会図書館蔵）

分が車返りに回れば、さながら水勢に迫り、汲んではうつす風情あり」。

尾籠なるものを優雅に楽しむ一方で、「嫁の屁は五臓六腑をかけめぐる」の川柳にあるように、やはり女性の恥かしむところ。武家にはお姫さまがお鳴らしすると、すかさず「手前がいたしました」と身代わりになる屁負比丘尼《へおいびくに》というお役目がありました。

何だかわからない商売

江戸ではたいした技量や経験がなくても、ほんの思いつきで商売をはじめる人がけっこういました。そして、それが評判となるのもよくあることです。とはいえ、そうした商売はアイデアそのものが飽きられたり、風紀を乱すなどとお上から禁止させられたりして、すぐに消えてしまう運命にありました（そしてまた別のおかしな商売がうまれます）。そんな泡沫《うたかた》のような商売をいくつか見てみましょう。

最初に登場するのが「**耳垢取り**」です。元禄の頃（一六八八―一七〇四）はなかなかの人気商売でした。果たして耳ほじりの名人などいたのでしょうか。耳垢取りは唐人服を着ていたといいます。いかにも漢方医の極意を得たように見せるハッタリでしょう。のちに髪結いが耳垢も取るようになると、こんな呑気な商売はなくなってしまいました。

「猫の蚤《のみ》取り」をした人がいました。「猫の蚤取らん」と町を呼

耳垢取り。落語では、耳かきに松竹梅があり、松は金の耳かき、竹は銀の耳かき、梅は釘の頭というのがある。江戸中期簪の先端が耳かきになっている耳かき付かんざしが流行るが、その上物には銀製のものがあった。「骨董集」（国立国会図書館蔵）

び歩き、声がかかるとその家に入っていきます。まず猫を湯浴みさせ、まだ濡れているうちに狼の毛皮で包んで抱いていると、猫についた蚤がすっかり毛皮の方に移るので、あとは外で毛皮の蚤をはたき落とします。一回三文でした。この方法を考案したとき、この商売はいけると思ったかもしれません。でも長続きはしませんでした。どうやら、さほど需要はなかったようです。

猫つながりで「両国猫う院仏施」という怪しい乞食僧の皆さんにご登場願いましょう。猫の面をつけた五、六人の托鉢《たくはつ》僧が「にゃんまみだぶつ」と念仏《ニャンぶつ》を唱えながら家々を回りますよ。お布施が入ると「おねこ！」と叫んで錫杖《しゃくじょう》を鳴らし、皆で「にゃごにゃごにゃご」といってくれます。猫好きがそそられる素敵なパフォーマンスを展開しましたが、両国回向院からクレームがついて禁止となりました。

竹箒《たけぼうき》を持って「庄助しょ」がやってきます。「庄助しょ、掃除しょ、朝から晩まで掃除をしょ〳〵」といって商家の前を掃いて銭を貰い歩きました。でも掃くのはほんの真似事で、竹箒はつかわず看板として持ち歩きます。

「墓所《はかしょ》の幽霊」は二尺（約六〇センチ）ほどの紙でつくった墓石を木

枠の台座に乗せて、それを自分の腰にくくりつけます。姿が後ろに隠れて、墓石から足がはえているように見えます。何だろう。子供たちが集まってくると、墓石が前にバタリと倒れ、髪を振り乱した血みどろの顔があらわれました。子供がおどろいて逃げるのを追い回します。これを商家の前でやると、店では縁起が悪いので「よそでやってくれ」と銭を渡してくれるという寸法でした。

「**親孝行**」というものが天保時代（一八三一—四五）の末にあらわれました。息子が老母を背負いながら「えー、親孝行でござい」といって町を歩きます。こりゃ感心だね、と道ゆく人が銭を恵みます。でも、よく見ればこの息子は張り子の人形。着物を上下に着て胸のところに人形を吊って手足をくっつけたまがい物ですが、こりゃ面白ぇや、とまた銭をくれます。なかには友達同士で交互におぶり合って「親孝行しましょ」。すると、こいつら馬鹿だねえ、と投げ銭がきました。江戸の人びとは往来で変わったことをする者たちが大好きだったようです。

親孝行。
張りぼての孝行息子を前にくくりつけ、銭を乞う大道芸の一種。
「東都歳時記」
（国立国会図書館蔵）

江戸の人にきいてみよう（三）

大きな声じゃいえねえが

八丁堀にお住まい魚屋　**定吉**さん

どうも御素人衆の旦那とはお座敷がちがいますが、ご所望とあらばお話しましょう。あっしは表向き魚屋ってえことになっていますが、ナニ魚なんざ売っちゃあいない。まことの稼業は博突打ち《ばくち》でさあ。マァこの仕事ばかりは商売往来にも載っちゃいませんがネ。夕《ゆん》べも遅くまで遊《あす》んで、いましがた湯屋《ゆ》から帰《けえ》って一杯飲《つべえや》っていたところへ旦那と出くわしたという筋書きで。どこで、と申しますか……愛宕下藪小路のさるお屋敷とだけ申し上げておきましょう。お武家方や社寺の境内には、町方のお役人も滅多に手が出せませんから、そうしたところで開帳されるんですヨ。

あっしのやる丁半は、盆茣蓙《ぼんござ》といって幅が二尺（約六〇センチ）、長さが二間（約三・六メートル）ほどの白布を張った場をつくり、片っ方を丁坐、もう片っ方を半坐として、そう、五人ずつほど坐りましょうか。その合間に子分が一人ずついて目を光らせております。正面には賽《さい》と壺皿《つぼざら》を持った壺振りが立て膝をしておりまして、そこに中盆《なかぼん》という、これはテラ銭を集める役の者ですが、こいつの「壺っ」と威勢のよい掛け声とともに、壺振りが賽を二つ壺皿に打ち込んでポンと伏せます。「さあ張った、張った」と中盆があおり、丁方も半方もどんどん張り込む。このとき両方《りょうかた》の金額が合わないと勝負になりません。中盆は

「丁方ナイカ、ナイカ、もう二両ナイカ」と掛け金の傾いた分を呼び込みます。どうしても張り方がなければ、「五《グ》・三《サン》負け」なんてことをいう。五と三が出ても勝負なしとするから張れという意味でございます。

いよいよ両方が揃ったところで「勝負」。壺を空けて、目を読み上げて勝負が決まります。このとき、張った金には手をつけずに勘定して、その場で割り振ることができなければなりません。張った金をすぐに勘定できない者は盆が暗いといい、ボンクラなどと申します。盆暗野郎では中盆や壺振りは勤まりませんし、遊ぶ方だって稼ぐことができませぬ。

それから、まことの博突打ち、親分と呼ばれるようになると自分ではあまり遊びません。開帳に顔を見せて、場をつくって皆に遊ばせる。そこのテラ銭を受け取るのが稼ぎとなる。あっしも親分と呼ばれてもみてえが、なにぶん勝負好きなもんで、いつもこのありさまでさあ。

江戸社会の決まり事 ～その三～

貨幣と値段あれこれ

江戸時代の通貨は金・銀・銭の三種が通用する三貨制度といわれるものですが、これが大変複雑で分かりにくいのです。

まず数え方がたくさんあります。現代は「円」が単位で、これに「銭《せん》」が便宜的に用いられるくらいですが、三貨制度では、金は「両《りょう》」「分《ぶ》」「朱《しゅ》」、銀は「匁《もんめ》」「分《ふん》」「貫《かん》」、銭には「文《もん》」「貫《かん》」「疋《ひき》」と貨幣ごとに数え方もいろいろでした。

さらに現在は一円・十円・百円・千円……と十進法で切り上がりますが、江戸時代はたとえば金なら四朱で一分、四分で一両と四進法で切り上がり、一両から上は十進法で勘定しました。

それから現在の貨幣は一定の品位および量目が保証された計量貨幣《けいりょうかへい》というものですが、三貨制度では、金と銭は一枚ごと額面が記された計量貨幣であるのに対して、銀は重さで価値を決める秤量貨幣《しょうりょうかへい》であったりします。

そして何よりややこしいのは、この三貨が独立したつかわれ方をされたことです。身分や地域によってつかわれる貨幣もちがったし、江戸では買い物をするときにも、これは銭で買う、これには銀をつかうという決まりがありました。

金貨

一両小判・二分金・一分金・二朱金・一朱金の五種類があります。

一両小判

江戸庶民がなかなか手に入らない大金で、無尽《むじん》（仲間内で掛け金をあつめて籤《くじ》などをおこなう）にでも当たって懐中《ふところ》に入っても、いろいろの支払いですぐに消えてしまいます。

是《これ》小判たった一《ひ》ト晩《ばん》居てくれろ（柳多留・初）

一両をもとに御定《おさだめ》相場が決まるので、基軸通貨のはたらきがありました。

二分金（二枚で一両）

正しくは二分判といいます。判とは金貨の名称で、この後に出てくる金貨も一分判、二朱判、一朱判が正式な名前となります。文政期に登場した二分金は金含有量が抑えられ、幕府が出目《でめ》（改鋳《改悪》によって得る差益）を狙った、いわば臨時貨幣でした。

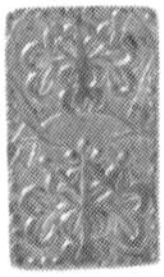

一分金（四枚で一両）

小判とおなじだけ金を含んでいて、江戸後期まで一両の基準となる基軸通貨の役割を果たしています。商家でもさかんにつかわれました。

二朱金（八枚で一両）

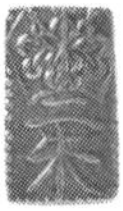

上方では豆板銀《まめいたぎん》のことを小粒《こつぶ》といいますが、江戸では二朱以下の小型金貨を小粒と呼びました。元禄二朱は小判の八分の一の金を含みますが、天保二朱の金含有量はその半分以下で、しかも大量に吹替えられたので、幕府は百万両もの出目を得たといいます。そして巷に天保二朱があふれました。

一朱金（十六枚で一両）

正方形をしたこの小粒は非常に質が悪く、金をわずかしか含みません。文政期に鋳造されたものが唯一で、あまりお目にかからない金貨です。江戸で一朱といえば一朱銀を指すことが多いでしょう。

大判（時価）

黄金《おうごん》ともいい、一枚二枚と数えます。表に墨で金拾両と書かれていますが、手でこすれば消えてしまいます。いちおう七両二分で通用しますが、幕末には五両程度の価値に下落しました。通貨というより、武家の褒賞や贈答用につかわれたようです。

銀貨

銀には秤量貨幣である丁銀および豆板銀と、計量貨幣である五匁銀、一分銀、二朱銀、一朱銀がありました。

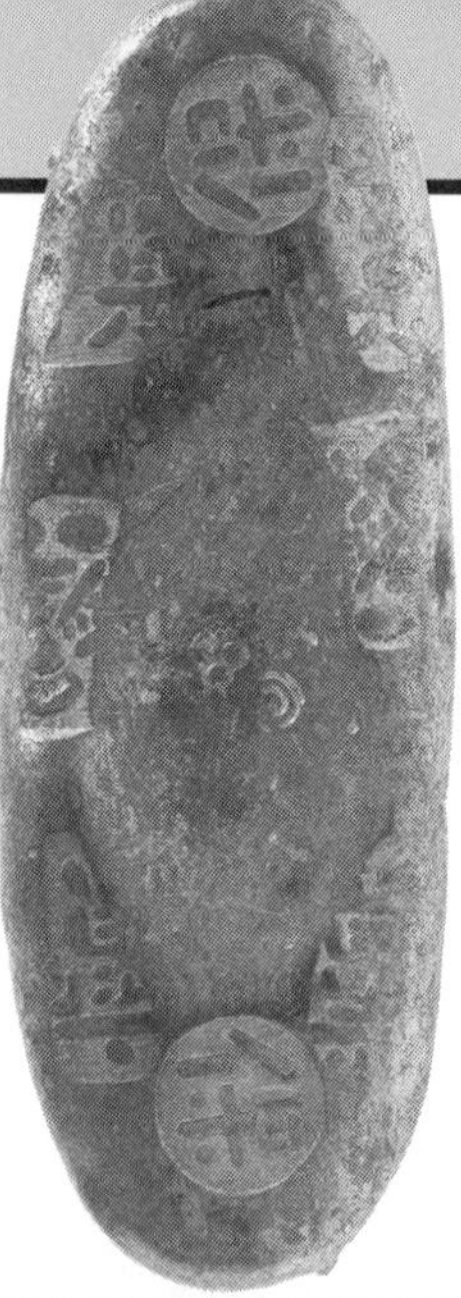

丁銀と豆板銀

長円形の丁銀一枚の正味量が四匁三分で、これを十枚と、小粒と呼ばれる豆板銀十七匁を合わせて六十匁で一両と換算します。上方の商取引はもっぱら銀の秤量取引でしたが、江戸では金地《じ》金《がね》不足を補うために、この後に出てくる計量貨幣が多く出回りました。

五匁銀（**十二枚で一両**）

明和期に金貨と銀貨のレートを一定させる目的で改鋳されましたが、豆板銀に比べてかさばるなどの理由で普及はしませんでした。江戸でもあまり手にすることはないでしょう。

一分銀（**四枚で一両**）

江戸末期に流通したもので、五匁銀がうまく流通しなかったために鋳造されました。天保一分銀と安政一分銀は縁取りに「一分銀」と刻印されていたので通称「額縁」といわれます。

「この結城《ゆうき》は二分二朱だね」「それ、額が二枚に二朱銀がひとつあります」（黙阿弥「雪駄直し」二幕目）

また一分銀百枚（二十五両）を包んで封印したものを「切餅《きりもち》」といって、公用金などにつかわれました。

二朱銀（八枚で一両）

表に「以南鐐八片換小判一両」（八枚で小判一両と交換できる）と刻印されているので、南鐐《なんりょう》二朱銀と呼ばれます。それと別に単に「二朱銀」とあるのが安政二朱銀で、横浜が開港したとき金の海外流出を防ぐためにつくられたもので、貿易二朱といいます。やけに大きいわりに一朱銀の半分の額面価値しかなかったので馬鹿二朱とも呼ばれました。ありがたみの薄い貨幣です。

一朱銀（十六枚で一両）

「以十六換一両」と刻まれているのが一朱銀。単に「一朱銀」とあるのは、幕末の嘉永期に鋳造された質の悪い一朱銀で、黒船来航のときに台場砲台をつくるために駆りだされた人足に支払われたので、俗に「お台場銀」と呼ばれました。

銭貨

銭は天保銭《てんぽうせん》（百文銭）、四文銭《しもんせん》、一文銭の三種類。それに細かい銭の束ね方をいくつか覚えておくとよいでしょう。何しろ江戸では一番つかう貨幣です。

天保銭（百文銭）

裏に「當百《とうひゃく》」と刻印されているので「当百」と呼ばれます。大変に出回りますが、幕末になると銭相場が下落して、実際には八十文ほどの価値でした。明治中頃まで一銭貨として通用しましたが、やはり八厘の価値しかなかったといいます。そのため天保銭といえば、「抜けている」「足りない」という悪口になりました。

四文銭

裏が波の模様になっているので「波銭《なみせん》」と呼ばれます。真鍮《しんちゅう》で造られているので黄色味を帯びているのが特徴。明和期以降もっともつくられた銭貨で、何でも四文で買える「四《し》文屋《もんや》」という、いまの百均ショップのような商売がうまれたのも、四文銭の普及によるものでしょう。

一文銭

裏に「文」とあるのが一文銭。時代劇で銭形平次の投げるやつです。もっとも大衆的で小さい額なので、「一文無し」「三文役者」「二束三文」など、安っぽいもののたとえにつかわれますが、江戸生活に欠かせない銭貨です。

鐚《びた》銭

奈良時代からつくられていた文銭はたいてい質が悪い鉄銭《てっせん》で、割れ、欠け、摩耗が多く、いかがわしい私鋳銭《しちゅうせん》もありました。鉄を鋳ったうわずみを「ビタ」ということからついた名称です。「ビタ一文」はこの銭から出たことばです。

一貫文（千文）

一文銭を緡《さし》で千枚束ねて一貫文と勘定しました。四貫相場は四貫文で一両、幕末には六貫五百文が一両相当となります。

銭差し百文（九六銭《くろくせん》）

一文銭を差しで束ねて百文です。このとき鋳造料の名目で四枚差し引いた九六枚で百文とみなしました。これを「九六銭」または「省百《しょうひゃく》」といいます。それに対して百枚で百文とするのが「調百《ちょうびゃく》」。商人は調百で契約し、省百で決済するため、自然に儲かる仕組みでした。一方、日に三百文で働く三百日雇《ひやとい》たちは、つねに省百で受け取るために毎日十二文ずつ損をする計算になります。

また、銭を勘定するときに何疋《ひき》と数えることもありました。一疋は銭十文にあたり、銭百疋でおよそ一両になります。「疋」はもともと絹の長さの単位で、古くは絹が貨幣の代用につかわれた名残として銭勘定に用いたともいわれます。

写真提供：日本銀行金融研究所貨幣博物館

江戸の人にきいてみよう（四）

物の値段あれこれ

京橋にお住まいの両替商　**八郎左衛門**さん

金・銀・銭の三貨は身分とも関わりがございます。まずお上よりお手当や褒賞などは、金貨をお目見得以上（将軍に謁見できる身分）の御大名、御旗本に下され、銀貨は御家人衆に、町人には青緡《あおざし》何文といって銭貨を与えることになっております。

これは何も金銀は武家がつかい、銭は町人がつかうと決まってはおりませぬが、お上は三貨に上下の格を与えておるのでございます。ゆえに御武家さまがおつかいになる高価な物の取引は金でおこないました。また町方も時どきに購《あがな》うような品や娯楽の代金などには銀の値段がつき、日用品や食べ物については銭でいくらの商いとなります。支払いは値段のついた貨幣で払うのが常でございますから、金・銀・銭のつかいみちは自然に決まってまいります。

それを細かく見てまいりましょう。

まず金で値がついているものには刀、茶器、馬、書画などがございます。これらは何両というような取引となりましょうが、およそ金で買うものには定価などはございません。いくらと決まっておりますのは、間男が発覚したときの示談金くらいでございます。これは金七両二分がお定まりで、おそらく大判一枚の値からきたものでございましょう。

銀で支払われるものには薬がございます。

それから茶や砂糖も薬種問屋のあつかう物で、一斤何匁の値段がついております。白砂糖が一斤四匁いたします。着物や反物も銀何匁となりますが、買物をしたお釣りは銭がつかわれます。そのため呉服屋のような大店にはかならず銭相場の換算表の用意がございました。

芝居を観るには、桟敷《さじき》が銀百六十四匁、鶉《うずら》桟敷三十五匁、平土間《ひらどま》ですと、ひと枡二十五匁。ただし一幕立見《ひとまくたちみ》は十六文で、こちらは銭で払います。それから職人の手間賃も銀貨で、大工の日当が飯料（弁当代）込みで銀六匁というところ。

遊女屋はまちまちで、細見《さいけん》（『吉原細見』＝妓《ぎ》楼《ろう》や遊女の名、揚代《あげだい》などを記した吉原ガイドブック）に載る「入山形《いりやまがた》に星印」の花魁《おいらん》となりますと何十両の買物でございますが、上等な遊女屋を銀店といい、下等なものを銭店と申します。中くらいをまじり店といって、ここでは銀と銭が両方つかえることになっております。

次に銭でございますが、これはさまざまな買物につかわれます。小店や屋台店には「銭以外はお断り」の札もあり、町方の生活はまず銭でまかなわれます。あらかたの品物は何文と通り相場が決まっておりまして、なかには何十年、ときには百年以上も変わらないものもありました。それでも物の値段もしばしば動くのでございますが、ここでは近頃の物価で見てまいりましょう。

まず米は、百文でいくら買えるかという百《ひゃく》相場《そうば》で一升百文あたりが相場となりましょう。醤油は地廻り物で一升六十文。菜種油は調理にもつかいますが、もっぱら照明用で一升四百文とちょっとお高いですな。魚油（鯨油や鰯油）は半額くらいですが、魚臭いし煤《すす》がでましょう。蝋燭《ろうそく》はすこぶる贅沢品で、百目蝋燭が一丁二百文いたします。歯磨き粉はひと月分の袋で八文。浅草紙百枚で百文。湯屋は湯《ゆ》銭《せん》大人八文、子供六文、幼児四文。月極め百四十八文で何度でも入れる「留湯《とめゆ》」というのもございます。髪結床《かみいどこ》は男髪結で三十二文ほど。女髪結は本結で百文取られることもございます。煙草はひと袋四匁入で八文。店賃は裏店九尺二間で月三百文。

惣菜は、鰯《いわし》が十尾五十文で、ご近所で分け合うとよろしいでしょう。しじみ一升十文、納豆一杯四文、豆腐一丁（いまの三丁分ほどの大きさ）は二十四文。大福一個四文。羊羹《ようかん》一本が七十文。

外食をいたしますと屋台のにぎり鮨一貫八文。三貫も食べれば十分なので、一食二十四文といったところでございましょう。鰻めし二百文。二八蕎麦十六文で種物の天ぷら蕎麦三十二文。居酒屋で出す酒が一合三十文。

衣類は、股引《ももひき》を一枚新調すると六百文と店賃よりも高くつきます。江戸では着るものは大事に長くつかいました。履物《はきもの》は足袋一足百八十文。草鞋《わらじ》一足十五文。中くらいの下駄を誂えると四、五十文ほど。番傘は二百文、蛇の目だと八百文。

そのほか錦絵は一枚摺で三十二文。瓦版は四文。見世物小屋は二十四文。寄席は講釈席で三十六文、色物《いろもの》・落語席は四十八文。大看板真打《しんうち》の人情噺（続き物のこと）では割増しとなります。日本橋から吉原まで駕籠《かご》でいくと駕籠賃が二百文。東海道の飛脚が書状一通で三十文。旅籠《はたご》一泊が二食付で二百四十八文。

ざっとみますれば四文、八文、十六文、三十二文と四の倍数になっているものが多《おお》ございますな。これはおそらく四文銭がたくさん出回ったことと関係がありましょうや。

第四章

古きをたずね身じまいする

ちょんまげって何？

江戸時代の髪型といったら、皆さんはきっと髷《まげ》を連想されるでしょう。少しお詳しい方なら、若い女性は島田、既婚者は丸髷、男性は月代《さかやき》を剃ってちょんまげ乗せるんでしょう、とおっしゃるかもしれません。そのとおりです。それでたいていい説明できます。

とはいえ江戸二六五年の間に髪型はずいぶん変化しました。女性髪なら髱《たぼ》、鬢《びん》、髷、前髪という四つのパートそれぞれが大きく張り出したり、小さくなったりして、二百種類以上もの髪型がうまれますし、男性髪も髷の大きさや二つ折部分が立つ角度の上下につれて男前も上がったり下がったりするので、ゆるがせにはできません。

長く泰平の世がつづいた江戸の町では、男女とも髪の細かいところまで凝りました。百花繚乱たる結髪は、いわば平和な時代の象徴でもあります。皆さんものどかな江戸の空気を月代の剃りあとに感じることでしょう。いや江戸へ出かけずとも、いまの世の中、思わず街歩きしたくなるような小粋なエディスタイルを提案いたします。

女性の結髪《けっぱつ》

女性髪は「髷《まげ》」「髱《たぼ》」「鬢《びん》」「前髪」の四つの部分からなります。

髷は「髻《もとどり》」「鬟《みずら》」ともいいます。

髱は後頭部の髪をたわめて癖をつけ、日本髪の美しさを演出する大切な部分です。

鬢は耳際から前髪にかけて張り出させます。

しけは色気やちょっとやつれた感じを出すために、おくれ毛をみせるものです。

では女性の結髪を時代ごとに見ていきましょう。

江戸時代初期（一六〇三〜一七〇〇頃）は、女性の結髪がかたちづくられた時期でした。女性の髪は古来より垂れ髪が主流でしたが、戦国期に動作に便利な結髪が広まります。江戸時代に入ると平和な世に異風趣味が台頭するようになり、女性たちの間に男髪模倣が流行しました。稚児

兵庫髷

島田髷

勝山髷

いずれも「歴世女装考」
（国立国会図書館蔵）

の結った唐輪髷《からわまげ》が変化して兵庫髷となり、若衆髷から島田髷がうまれます。女性結髪は武家から庶民にまで定着し、四つの系統ができました。

兵庫髪は稚児髪の変形で、頭頂に高く輪をつくって根を結び、髱は長くとります。はじめは遊女が結う頭でしたが、のちに一般にも広まりました。時代が下ると髷も髱も小さくなって突飛な感じはなくなり、島田髷が若い娘の頭として定着すると、兵庫髪は地味な年増の髪となります。

島田髷は若衆髷の変形で、もとどりを折りたたみ元結で結びます。最初は根がかなり下がり、髷を前髪の方へ大きく倒した形で、大島田と呼ばれました。のちにさまざまなバリエーションがうまれていきます。

勝山髷は丹前風呂《たんぜんぶろ》（江戸初期に神田の堀丹後守《ほりたんごのかみ》屋敷前にあった風俗営業）の湯女《ゆな》勝山の結った頭で、武家のお屋敷で結う下げ髪を変化させたものです。根で結んだ髷を後ろから前へ曲げて大きく輪をつくり、毛先を髷の内側に折り返して元結で結びつけます。のちの丸髷の原型となる髪型です。
一方、公家や武家では、公式の場では垂れ髪――おすべらかしにする慣習があるため、普段はただちに垂れ髪に改められるように笄《こうがい》で仮の髷とする笄髷にします。**片はずし**は髷をぐるりと根に巻きつけた片側を笄で留めたもので、笄を抜けばすぐに垂れ髪に戻すことができました。

江戸時代中期（一七五〇―一八五〇ころ）は絢爛豪華な装いが好まれて、髪もいろいろな結髪道具を駆使した複雑な形があらわれます。兵庫髷、島田髷、勝山髷という基本形に加えて、髱や鬢の変化が髪型にバリエーションをあたえました。

若い娘が好んだのが、**かもめ髱《づと》**（鶺鴒《せきれい》髱）で、これは後頭部の髱を後ろにつんと突き出して跳ね上げます。可愛く跳ねさせるために髪油をつかって固めましょう。この髪油で襟が汚れないように、和紙を重ねて型紙のようにした髱差しをつけて、しっかりと固定します。

つづいて側頭部の鬢が笠のように横に張り出した**燈籠鬢《とうろうびん》**という、ちょっと奇抜なこしらえが

片はずし

かもめ髱

燈籠鬢

「当世かもし雛型」

横兵庫

立兵庫（横兵庫の変形）
「青楼年中行事」（国立国会図書館蔵）

流行しました。鬢をふくらませるために鯨のひげや柘植《つげ》でつくった鬢差しを入れます。髪が横に張り出したので、バランスをとるために後ろの髱は小さくなりました。

　年増の髪となった兵庫髷ですが、享保の頃（一七一六―三六）より髷の位置が下がって髷の小さい兵庫髷が遊女のあいだで流行します。これが兵庫髷を横に結んだ**横兵庫**、髷がふたつある両兵庫（のちに大型化して**立兵庫**）へと変化すると、高級遊女である花魁の髪型となりました。いずれも燈籠鬢を張り出して、七、八寸もある飾り櫛《くし》、花や鳥の飾り物をつけたびらびら簪《かんざし》、大きな笄で華やかに飾ります。

　島田髷はとくに若い娘が結いますが、身分や職業によりいろいろな形がうまれました。髷を高くして厚く結った**高島田**は武家の娘に多く、髷に傾斜をつけて中央を元結で締めてくびれさせる**投島田**《なげしまだ》はちょっと粋好みでしょう。このほ

高島田

投島田「当世かもし雛型」
（国立国会図書館蔵）

かにも、つぶし島田、きりすみ島田、かしまや島田など、多くの島田髷がうまれました。その一方で勝山髷はあまり結われなくなります。

髪に小道具や飾りが増えて複雑になってくると、自分では結えなくなり、女髪結が登場してくるのは安永の頃（一七七二―八一）です。

江戸時代後期（一八五〇―幕末）の結髪は、ちょっと複雑に走りすぎたことの反動からか、あるいは幕府の奢侈禁令も少しは影響したかもしれませんが、より淡白な風情へと変化していきます。燈籠鬢が飽きられ、鬢差しをつかわない「おとしばら」の自然に垂らした鬢が深川の花柳界からうまれます。ファッションリーダーは華美を誇る吉原の遊女から「おきゃん」な辰巳芸者へと移っていきました。また、江戸では若い娘は島田髷、年増は丸髷という棲み分けが決まります。一方、京阪では江戸時代中期の華美な趣味を固守しました。

桃割れ

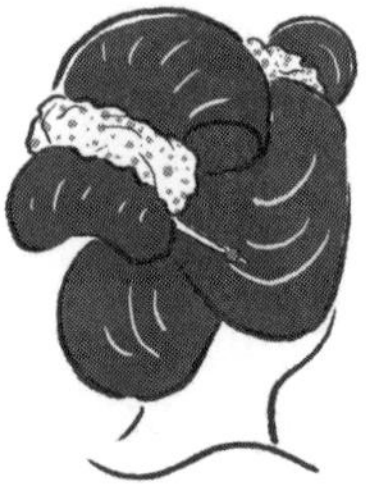

結綿

銀杏返し

丸髷

ここで江戸後期の女性髪を年齢ごとに見ていきましょう。

桃割れは少女の髪型で、前髪をふっくらと高くし、髷を桃の花の開いたように左右に分けたら、鹿《か》の子《こ》模様の手絡《てがら》などかけて可愛くまとめます。

結綿《ゆいわた》も十代の少女髪で、形はつぶし島田とおなじですが、前髪のところと髷の真ん中に手絡をかけて、粋筋ではなく少女らしい可愛さを強調させるのがポイントです。

銀杏返しは十代の娘から二十歳くらいまでの髪型で、町娘も粋筋も結いました。髷の後ろがぴょんと上がると町娘風になり、ぐっと下げれば粋筋となります。

江戸では勝山髷から変化した**丸髷**が、既婚女性の髪型として定着しました。勝山髷の大きな輪を小さくして、頭の真ん中に半月形にまとめると丸髷になります。京阪には丸髷はなくて、笄をつかった両手髷が既婚女性の髪型でした。東海道吉田以東が丸髷、岡崎以西は両手髷で、その間は混在しています。

現代の流行ヘアはサロンの美容師が考案しますが、江戸の女性は役者や遊女の頭を真似たりして、自分たちで考え出しました。そこに個性がうまれ何百もの髪型があらわれます。そんな自由さが女性の結髪の面白さでしょう。

男性の結髪

男髷の特徴は、頭の前方から頭頂にかけて月代を剃ることです。もとは頭髪全体を頭頂部で巻き上げて結びましたが、戦《いくさ》のときに兜をかぶると蒸れてかゆいので、こんな髪は失くしてしまえ、となりました。乱暴な由緒でありますが、江戸時代を通じて月代の剃り具合と、髷の大きさと形、それに角度が男髪のお洒落ポイントとなりました。

江戸時代初期の男髷は先が房状になった茶筅《ちゃせん》髷《まげ》をぴょんと頭上にのばします。さらに月代を広くとった大月代茶筅髷が流行しました。

最初は月代をつくるのに髪の毛を抜いていたというから、大そう痛かったでしょう。それを我慢してこしらえる**大月代茶筅髷**は、我こそ強い男だと自慢する頭です。もっとも、そんな馬鹿げた苦行はすぐになくなって、月代は剃刀で剃る習慣ができました。

江戸時代中期は通人（花柳界に通じる人）の髪型が流行の中心となります。

辰松風《たつまつふう》は人形浄瑠璃つかいの辰松八郎兵衛《たつまつはちろべえ》がはじめた髪型で、大きく月代をとり、髷を小さくして元結で高く巻き上げ、刷毛先を下向きにします。

文金風《ぶんきんふう》は浄瑠璃のひとつ豊後節《ぶんごぶし》の創始者宮古路豊後掾《みやこじぶんごのじょう》が考えた辰松風の変形型です。髷を辰松風よりもさらに高く上げて、毛先を月代の半分くらい前まで持っていきます。

この文金風がさらに変形したものが本多髷です。その基本形は月代を大きくとって髷を高くします。ここまでは文金風とおなじですが、髷は前七分後ろ三分に

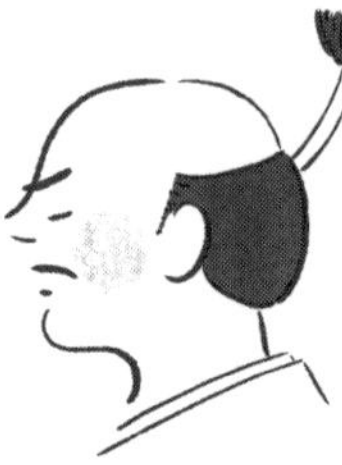
大月代茶筅髷

辰松風「我衣」（国立国会図書館蔵）

文金風「我衣」（国立国会図書館蔵）

金魚本多　今兄本多　五分下げ本多　古来本多

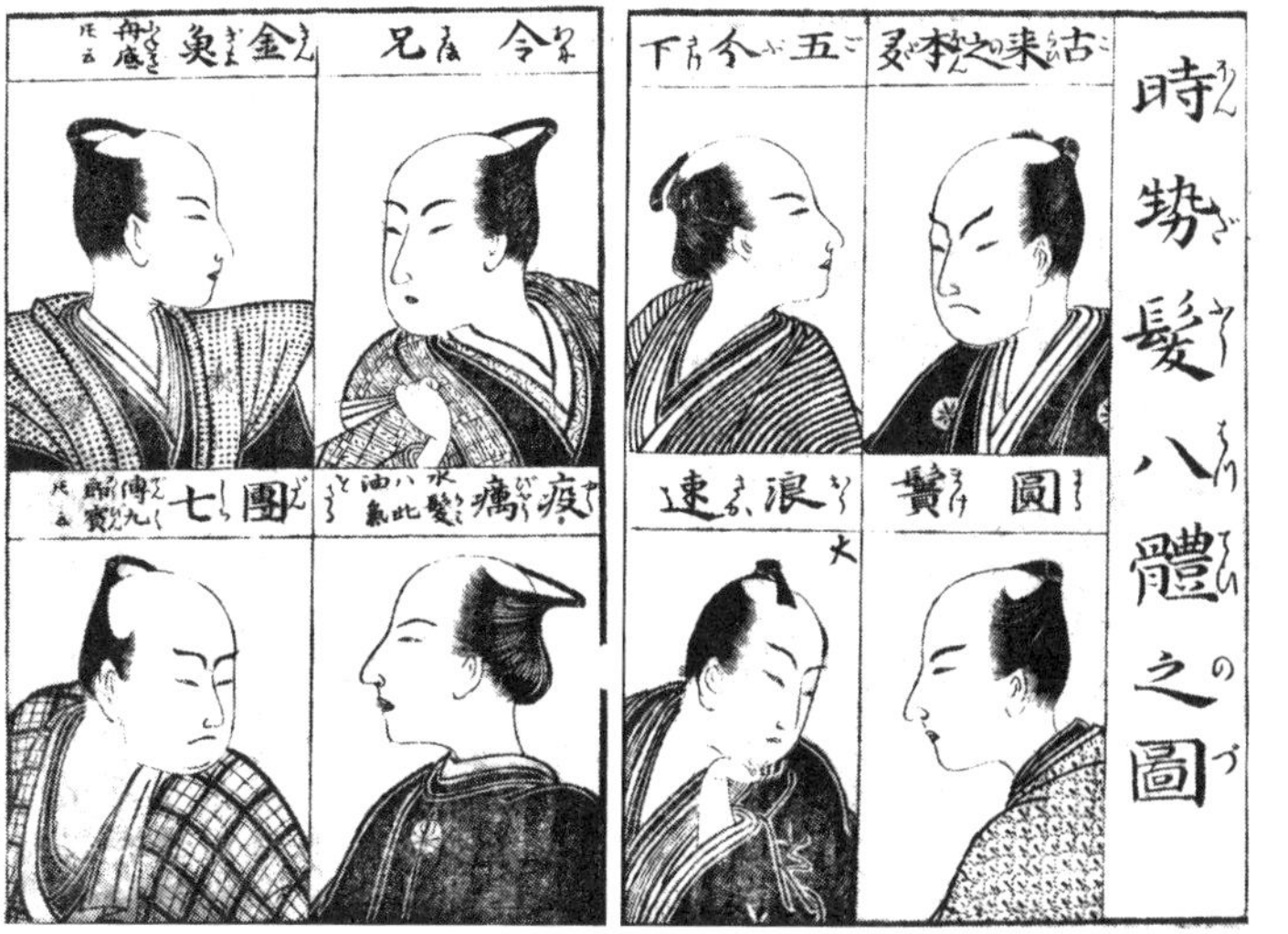

団七本多　疫病本多　浪速本多　円髷本多

本多髷のバリエーションはさまざま。「当世風俗通」（国立国会図書館蔵）

結び、毛先を月代に持っていきます。このとき髷と毛先と頭の間に三角形ができます。

『当世風俗通』に「**時勢《ほんだ》髪《かみ》八《はっ》体《たい》之《の》図《ず》**」として本多髷の変形が描かれています。

古来の本多は前七分後ろ三分でこれが基本形。吉原で遊ぶには本多髷でないと相手にされないというので、髷をより高くして商家の息子風に**今兄《あにさま》本多**で出かけます。ところが馴染みの女以外にちょっかいをかけたら、見せしめに髷を切れられてしまいました。当分は**豆本多**に結わねばなりません。**疫病《やくびょう》本多**という変形も登場します。これは髪量をわざと減らして細くし、病人のようにだらりと結います。当時は病み上がり感がイケていたのでしょうか。あるいは寝ていても暮らせるほど裕福だというアピールなのか。ず

だまされた風

未来の江戸人
「無益委記」より
（国立国会図書館蔵）

いぶん面倒なことを考えました。**金魚本多**は上品な息子というこしらえ。一方、**団七本多**は鬢を剃りこんだ侠客風です。

このほか、べそ本多、めくり本多、蔵前本多など本多髷の種類はきりがありません。流行によって普通の町衆も本多髷を真似するようになり、文金髷の髷尻をつんと高くした「**だまされた風**」という頭も登場します。平賀源内が総髪の上に結んでいるのがこの髷です。

恋川春町《こいかわはるまち》の黄表紙『無益委記《むだいき》』は、はるか未来の江戸が舞台のお話ですが、そのなかに**釣り竿のような本多髷**が描かれています。数万年後には、こんなとがった人たちが街を闊歩しているかもしれません。

それはともかくとして、遊女には月代の青さの受けがよいので、遊郭に出かけるのは床屋へ行った次の日がいいとされています。

江戸時代後期を代表するのが銀杏髷です。武士も町人も結いますが、身分によって形は若干ちがいました。基本形は月代を大きく、根を引き上げ、髷は細く水平にのばして、刷毛先は銀杏の葉の形に少し開きます。

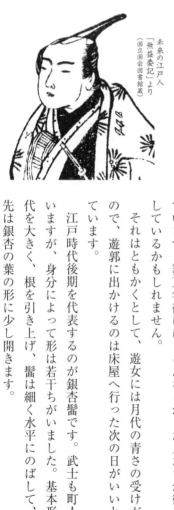

武士が結った**大銀杏**は、折り返しの髷尻が後ろに張り出し、髷は長く頭頂部から前に出ているのが特徴です。一方、髱はぴたりと撫でつけます。

武士でも八丁堀同心など捕り方は町人風に髷尻を短くし、細く小ぶりな髷で、刷毛先をつぶして先を軽く広げて粋なつくりの小銀杏にしました。また商家では旦那が結ぶ髷で、手代は髷をずっと小さく目立たないように結います。

町衆の髪型も**小銀杏**ですが、髷尻を持ち上げたり、髷の先をちょっと曲げたり、自分のイイ形を工夫しました。なかでも魚河岸の若い者は細い髷をぐいっと威勢よく曲げます。その形がいな（鯔《ぼら》の幼魚）の背中に似ているので、**いなせ**は威勢のよさの代名詞となりました。

若いうちは髷を自慢しても、歳を取るとそうはいきません。髪量が減ってしまい、ようやく小さいのを結うのが精一杯、というのが**丁髷**。いわゆる「ちょんまげ」は明治時代に男髷を揶揄したことばなのですが、江戸で「ちょんまげ」といえば老人髷のことを指しました。

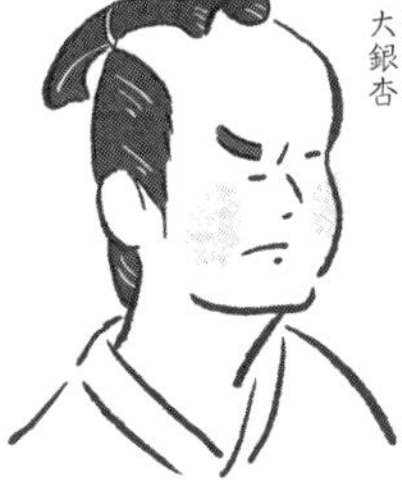
大銀杏

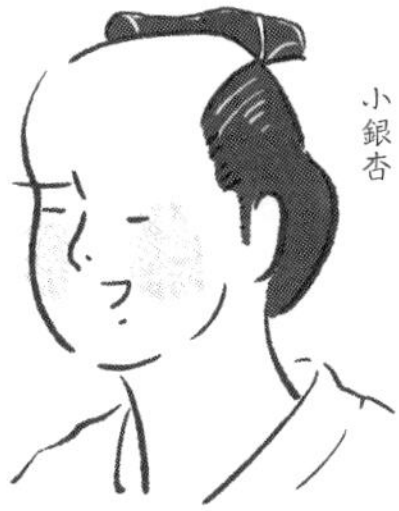
小銀杏

いなせ風

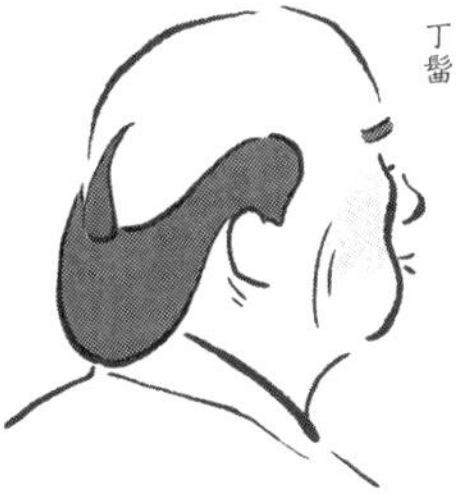
丁髷

江戸の人にきいてみよう（五）

総髪の結い方

深川冨吉町にお住まいの髪結い職人 **新三**さん

頭をやってくれとコーいうのかえ。ちょうど手の空いたところだし、いいよいいよ。こしらえてやろう……と、何だいその頭は。乞食みたようなひでえ髪だナ。骨相もよっぽど悪そうだ。よし、まずは月代を大きくして小銀杏髷にしてやろう。ナニ月代は剃るなだと。ナント滅法界もねえことをいう客だ。病人浪人でもなきァ月代を落とさねえ法はねえ。

ふん、国元へ帰《けえ》えったときに髷をこしらえると咎められるだと。お前は何かやらかしたか。まあいいや。いろいろ訳ありだナ。それじゃあ総髪にでもしておけばいいだろう。昔は医者がやった頭だが、近頃は流行っているのか、お侍衆まで結うようになったがね……。

まあ女にもてる頭じゃねえナ。

こう後ろへまとめたら鬢付けで固める。もっと髪を伸ばさねえと髻《もとどり》がとれねえ。まあ、かもじでもつけておけ。元結でよく結んでナ。ほらできありだ。次からは自分で結えよ。簡単なもんサ。まったく、どいつもこいつもこんな頭にした日にゃ、こちらは商売は上がったりサ。

粋な服装《なり》をしてみたい

江戸時代の男性の服装は身分や職業によって決まりました。お洒落だって分相応が求められるので自由にはできません。

武士は袴が足首丈の半裃《はんかみしも》または紋付の小袖を着用するのが正装で、普段着には羽織袴か着流しと定まっていました。商家の主人などの上流町人は、正装は武士と同様に半裃や紋付、ちょっとした場では唐桟《とうざん》の着物――地味にみえて舶来の高級品だったりする――を着用し、普段着は小袖に羽織姿というところ。大工や左官などの出職は紺の腹掛け、木綿の股引に出入りのお店のマークを染めた印半纏をひっかけます。

男性の服装が規定されるのとくらべて、女性は武家にうまれるか奉公人でなければ規定とは無縁で、着物の丈や柄、袖や帯の形など自由に着ることができました。ただし髪型や化粧法とともに年齢や未既婚をあらわすものでしたから、振袖は娘の着物、十九歳で元服すれば留袖に直すのが常識となっていました。

女性の服装

江戸の女性の服装は小袖が中心です。もとは肌着に用いられていた小袖が、江戸時代に上着として定着しました。厳密には絹二枚の布地に綿を入れたものを小袖といい、木綿に綿を入れた布子《ぬのこ》、麻布一枚の帷子《かたびら》、白の晒し木綿一枚の浴衣《ゆかた》と区別します。

小袖は、夏以外は三枚重ねです。まず湯文字《ゆもじ》という下着をつけて、その上に長襦袢《ながじゅばん》、さらに下着の小袖を着けた上に上着の小袖を重ね着します。

江戸時代初期は身幅がゆったりとして広く、身丈は踵《かかと》までの着丈です。身丈が短い分、袖も短くつくられて、袖口は狭くて袖先は丸みがありました。

柄は全体を装飾する総文様。とくに武家女性の礼服に用いられる慶長小袖には、刺繍や金銀箔で埋めつくされた豪華な意匠が施されました。町方の女性は大柄ですっきりとした文様が多かったようです。

帯はまだ重要ではなくて、細い紐《ひも》のようなものを巻いています。これは桃山時代くらいまで小袖に袴をつけていたことの名残でしょう。しかし江戸時代に入ると、外出時も普段着も着流しになってくるので、やがて帯が発達していきます。

江戸時代初期

江戸時代中期前半

友禅模様「友禅ひいながた」（国立国会図書館蔵）

江戸時代中期になると身幅はぐっと細身になり、身丈も長く裾引きが普通になります。袖丈も長くなり、袖口も開き、燈籠鬢の流行に合わせて袖先は角ばってきました。結髪の髪油で汚れないように抜き襟《えり》がはじまったのもこの時期です。

柄は、渋く贅沢な刺繍が取り締まりの対象となったので、こんどは図案を描いてそこに柄を彩色で染めていく友禅染が発明されます。尾形光琳の画風を取り入れた光琳文様のように、画家の意匠をほどこしたものなど、優美な文様がうまれ、華やかな元禄文化に調和しました。しかし、のちに帯が幅広くなると、柄が帯上と帯下に二分されるし、また結髪の大型化もあって、次第に柄を下部だけに置く裾文様へと変化します。これには享保期（一七一六―三六）の倹約政策の影響もあるかもしれません。

帯は大きく前で結んでいました。はじめはカルタ結び（長方形に結ぶ）が一般的でしたが、女形の上村吉弥が舞台で片結びから帯を長く垂らす形が吉弥結びとして大流行してからは、水木辰之丞の水木結び、村山平十郎の平十郎結び、二世瀬川菊之丞の路考《ろこう》結びなど、いろいろの結び方が登場します。時代が下ると帯はさらに幅広くなって、結び目も大きくなるので、もはや前で結べず、後ろ結びが一般的になりました。

帯が幅広になり袖丈も長くなると、それに合わせて袖付から袖下までの振りも長くなり、これが振袖となります。もとは踊り子が袖を振るときの演出道具でしたが、やがて幼児から少女の服装として定着しました。十九歳で元服すれば留袖《とめそで》に直すというような決まりもできます。でも、なかには二十歳を越えても振袖を着る人もいました。

さて**江戸時代後期**になると、身幅と袖幅は一対となり、現代のきものと変わらない形になりました。

江戸時代中期後半

江戸時代後期

いちばんの特徴は粋に見せることです。縞や小紋などわざと地味にみえる柄を選んで渋くきめてみる、あるいは着物の表側は無地なのに、裾裏は模様がほどこしてある、という技を競いました。黒襟もそのひとつです。これは小袖が汚れや傷みを防ぐために襟につけるものですが、地味な黒襟からのぞく艶やかな襦袢の模様を引き立てる、いわば見せ襟の役目を果たしました。襦袢は緋《ひ》縮《ぢり》緬《めん》の友禅模様が粋ですが、ちょっと高くて買えないというときには、きれいな布を切り売りする半《はん》襟屋《えりや》から少しだけ買ってきて襟元に縫いつけて美しさをつくります。町娘はコーディネイトがとても上手です。

帯留《おびどめ》ができたおかげで帯をぎゅっと、やや高めにしめて下半身を長く見せることができます。燈籠鬢も可愛いけれど、鬢差しをつけない辰巳風に髪を結って、裾も引き摺らずおはしょりをつくって活発に、おきゃんな感じにまとめました。

男性の服装

男性の服装も小袖が基本です。礼服は小袖に半袴、普段着は小袖の着流しでした。何といっても身分や立場をあらわすのが男性服ですから、時代ごとの変化も大きくはありません。

しかし、そうした世間の常識や権力への反骨心から、異風の装束を身にまとった「かぶき者」が江戸時代初期にあらわれてきます。どんな異風かというと、たとえば派手な色合いの女性の着物を引っかけ、茶筅髷に髭面、口に大煙管をくわえて、五尺もある大太刀をかつぐというもので、常軌を逸した恰好は周囲を驚かせました。かぶき者の多くは武家の家来である若衆とか中間《ちゅうげん》などで、戦国時代には足軽や人足として働いたけれど、太平の世になると身を立てることができない——その鬱屈《うっくつ》した思いが異風装束にあらわれてくるのでしょう。

徒党を組んで町をねり歩く彼らは侠気《きょうき》を重んじ、仲間や信義を守るためには命すら捨てることを信条としました。その気持は崇高ですが、彼らのしたことといえば、強奪、食い逃げ、乱暴狼藉、果ては刃傷沙汰に、町中で唄って踊って相撲をとって、とやりたい放題。嫌われ者の無頼漢を演じます。

だから何か世の人のためになったわけではありませんが、彼らの行動に男伊達を感じて共鳴する武士や町人も多く、そこから旗本奴《はたもとやっこ》（六方《ろっぽう》）と町奴《まちやっこ》があらわれ、武士の面目《めんもく》と町人の面子《めんつ》の意気地を争うムーブメントが盛り上がりました。ところが幕府は、乱暴な行動に走る彼らを不穏分子とみなし、かたっぱしから捕えて、その主犯格を極刑に処す——旗本奴は切腹、町奴には獄門《ごくもん》——という厳しい処断をしたために、ムーブメントはいっぺんに終焉を迎えます。町からかぶき者の徒党はすっかり消えました。けれどもその風俗は別の形で残されていきます。

慶長八年（一六〇三）、出雲阿国《いずものおくに》が京都で披露して全国に広まった「かぶき踊り」は女歌舞伎《かぶき》といわれ、人気の大衆芸能として現代につづく歌舞伎の原点ですが、そこに放埒なかぶき者の風俗が取り入れられています。いや、阿国の「かぶき踊り」の形をかぶき者が真似たというべきでしょう。ともかく女歌舞妓が風紀取締まりによって若衆《わかしゅ》歌舞妓となり、これも禁止されて野郎《やろう》歌舞妓へと変わっても、かぶき者の侠気に富んだ精神は江戸歌舞伎の男伊達に引き継がれていきました。

七代目市川團十郎の舞台衣装から広まった「**鎌輪ぬ**」**模様**は、「鎌」「〇」「ぬ」の三文字で「火も水もいとわず命を捨ててかまわぬ」という町奴の心意気をあらわしています。歌舞伎模様はまた人気役者の象徴でもありますから、着物の柄とか団扇や手拭いなどにあしらわれ、人びとはそれを身につけることで役者に近づけるし、その心意気を共有している気分になりました。

かまわぬ模様
「近世奇跡考」
（国立国会図書館蔵）

町奴らの意気地こそ、本来の「いき」かもしれません。「いき」とは意気であり、やせ我慢をすることでした。江戸時代初期には武家の消費生活に寄生して成立した町人層の反骨精神のあらわれといえます。しかし江戸時代中期以降、経済的な実力を蓄えた町人は次第に武士階級を圧倒していきます。身分では絶対にかなわない武士に対して、歌舞伎と食通と吉原、この三つは町人が武士と丸腰で張り合うことのできる場でした。とくに遊郭での振る舞いや気づかいが、いかに洗練されているか。これが重要です。ここで「いき」を粋とあらわすようになりました。「粋」はこざっぱりしていること。純粋《イノセント》さをあらわす男女に共通する美意識です。一方「通《つう》」というのは遊郭に通じているという意味で、こちらは男性側の価値観といえるでしょう。遊郭で粋な振る舞いができないと「野暮《やぼ》」とされ、二本差しなどは野暮にちがいありません。また通ぶった顔をすれば「半可通」と笑い者になります。

ただし「通」は単に遊郭に通えばなれるものではありません。遊郭の遊びに精通することを「穴知り」といいます。また、遊女と客の人情の機微がよく分かっていることを「訳知り」といいました。このふたつを兼ね備えた者が「粋」であり、「通人《つうじん》」と呼ばれることになります。

さて遊郭で人気者になれる粋な服装とはどんなものでしょうか。

まず色は華やかなものよりも黒、茶色、鼠色、紺という地味な色を選びます。しかし地味といっても黒は藍《あい》を下染めして青みがかった藍下黒《あいしたぐろ》とか、紺なら緑がかった鉄紺《てつこん》、茶色と鼠色は「四十八茶百鼠」というくらい配色も豊富ですし、ただ地味なわけではありません。柄も地味

極上の息子風「当世風俗通」（国立国会図書館蔵）

につくり、模様も入れません。あっても縦縞が見え隠れする程度です。もっともよいとされるのが黒の無地でした。

しかし、こうした地味なつくりの着物の内側は派手にします。それも中着は紬《つむぎ》で下着は縮緬という具合に、高級な生地を着込みました。脱いだときにはじめて分かるお洒落というのを心がけます。

安永二年（一七七三）に出版された『当世風俗通』は、遊郭で遊ぶためのスタイルブック――というよりも通人ぶった風情を洒落のめした指南書――です。そこで粋なスタイルを「極上之息子風」から「下《げ》之息子風」まで四つのランクに分けています。

「**極上之息子風**」は、黒羽二重の紋付小袖は黒仕立てと、一見地味なこしらえが通好みなのでしょう。帯は紺あるいは浅黄の縞博多で幅は二寸をかぎりとします。着物の内は派手な紬、縮緬を着けていることでしょう。『当世風俗通』には、このような格好をしようとする者は人品が高くなくてはいけないとあります。

一方「**下之息子風**」。これみよがしの疫病本多は、閑居風情《あそんでいる》というよりも夜遊びが過ぎて四ツ（午前十時頃）に起き出し、髪油もつけずにいるところを親爺に油をとられたような形だとあります。藍さびまがいの単物、帯も煙草入もまったくイケていない「疫病本多野良風」と酷評しています。

また伊達男なら下着にも気を配りたいところ。緋縮緬の六尺《ろくしゃく》褌《ふんどし》をしめて尻っぱしょりで決めてみる。江戸っ子の尻っぱしょりは動きやすくて威勢よくみえますが、本当のところは自慢の**ふんどしを見せる**ためでした。

下の息子風「当世風俗通」
（国立国会図書館蔵）

見せふん
歌川広重
「東都名所 日本橋魚市」より

江戸人の身だしなみ

江戸で都会生活を送る人びとはいつも身だしなみを整えていました。

女性は普段、白粉《おしろい》を塗らず紅もつけませんが、髪をきちんと結って鉄漿《かね》（お歯黒）をつけます。晴れの日の化粧は「上方ぼってり江戸淡く」といわれるように薄化粧が好まれました。色白で肌はきめ細やか、富士額で目元涼しく、鼻筋が通って、口は小さく紅をさしたようにあかく、黒髪は艶やか――という江戸の美人像に近づこうと努力します。

男性は風呂好きで毎日湯屋に行くことを欠かさず、二、三日にいちどは床屋へ行って髷を整えました。たとえ古着や損料物を身につけても、普段から襟垢のつかないように気をつけて、こざっぱりした容姿を心がけます。

周囲からよく見られたいという気持は今も昔も変わりません。

化粧

江戸時代のお化粧は、お武家の女性であれば身分をあらわすものですから、毎日欠かせませんが、庶民は自分で好きなときにメイクを楽しみました。たいていの日は素顔で過ごして、花見や芝居見物といった晴れの日に勝負の化粧をします。

化粧品には紅、白粉、化粧水、お歯黒などがありますが、このほかにも普段から身近なものをつかって肌をみがいていました。

たとえば糠は肌をきめ細かくしっとりさせます。糠袋で顔も手足もていねいに洗いましょう。洗顔にはうぐいすのフンがよいといわれ、実際に売られていました。江戸ではすでにフェイシャルエステがはじまっていたようです。

また、米のとぎ汁は上ずみを捨てて、下に溜まった部分をこして、しばらく天日《てんぴ》に干すと固まりますから、これを寝る前に顔にのばして、ひと晩おきます。翌朝、洗い流すとゆで卵のような肌にびっくり。かんたんなパックです。

ニキビが気になったら、道端に生えている五行草《ごぎょうそう》（スベリヒユ）を抜いてきて、水にせんじて洗顔すれば、ほら、すっかりきれいになるでしょう。

ほかに布海苔はシャンプーとなり、蔓《かずら》のしぼり汁は整髪料につかわれます。

それでは江戸の女性の化粧法を見ていきましょう。

「紅は、上唇は薄く、下唇は濃くさすのがポイント」

紅のさし方は時代ごとに変化しました。元禄の頃（一六八八―一七〇四）はうすうす塗りがよいとされましたが、文化文政期（一八〇四―三二）になると笹紅《ささべに》といって、青く光らせるほど濃くさすのが流行します。しかし「紅一匁金一匁」といわれるほど紅は高価でしたし、また天保の改革で老中《ろうじゅう》水野忠邦《みずのただくに》が贅沢に紅をつかうのを禁じたこともあって、あまり濃くさすことができなくなりました。そこで江戸の町娘たちが考えた秘策が、まず下唇に墨を薄く塗ってから紅をのせるというものです。これで笹紅とおなじ効果を出せました。口元を小さく見せるには唇全体にのばさず、形をつくるようにさしていきましょう。

紅屋では紅猪口《べにちょく》といって盃に入れて売りました。紅は陽の光に弱いのですが、盃なら普段はひっくり返しておけばよいというアイデアです。また寒の時期の深夜丑《うし》の刻（午前一時から三時頃）につくった紅がもっとよいとされ、「丑紅《うしべに》」と呼ばれました。年にいちど寒中の丑の日、紅屋の前に町娘の行列ができるのは、この日にたくさん買物をすると「なで牛」という素焼きがもらえるからです。寝そべった牛の置物にきれいな座布団をつくってあげて、神棚に飾ると一年中美しく暮らせると娘たちは信じました。

なで牛
鳥高斎栄昌
「郭中美人競　若松屋内緑木」
（（公財）日本郵趣協会）

［白粉は、生え際ほんのり、まぶた薄めで紅軽くのせ、鼻は濃く塗り鼻筋通し、首は顔より濃く、がポイントです］

江戸の女性にとって色白であることは重要ですから、白粉はていねいに塗ります。

まずは白粉を水に溶きます。溶き方が十分でないとのびや光沢が悪いのでしっかりと溶いて、最初は額にポッポッとつけてから、手で回し回し、むらなくのばします。次は眉。両眉の上と間に少しつけ、ここもよく回してむらなく。そこから両頬、鼻、口のまわり、耳のうしろの順番で、首すじのところは鏡を合わせて塗っていきます。白粉がよくのびたら、少し風にさらしたのち、和紙を肌にあてて、その上から刷毛に水を少しつけて細かく刷いていきましょう。こうすると白粉が肌になじんでいきます。

そのあと粉白粉をはたきます。額の生え際の内側につけたら、刷毛で全体にのばして、鼻筋や襟足にかけては濃くなるように、よくつけましょう。

仕上げは手拭いを湿らせて、目のまわり、頬まわりなどを拭いて、自然な肌に見えるようにします。

当時の白粉にはグレードがあって、純粋に鉛だけをつかった生《き》白粉が高級品でした。次いで芝居役者がつかう舞台香《ぶたいこう》という、これも鉛の白粉です。「唐の土」はいわゆる輸入品で安物といわれました。ほかに混ぜものをした調合白粉もあります。

また役者の名前をつかった白粉も流行しました。南伝馬町三丁目の坂本屋が名女形の三代目瀬川菊之丞の役名にちなんで「美艶仙女香《びえんせんじょこう》」を売り出したのを皮切りに、役者自身が経営する化粧品店が江戸市中に十八軒もできて、尾上菊五郎の「音羽屋白粉」、市川門之助の「門之助洗い粉」など、いずれの白粉も評判をとります。

さて、白粉をぬったあと、肌をととのえるために化粧水をつかいます。

「花の露」は茨《いばら》（バラ科）の花を摘んできて、蘭引《らんびき》という蒸留器に水と花を入れて沸かし、その湯気が上の器に溜まるので、これを茶碗に移して、丁子《ちょうじ》、片脳油《へんのうゆ》、白檀《びゃくだん》などの香料を混ぜます。今でいうアロマウォーターでしょうか。かんたんにできるので、江戸の女性はたいてい自分でつくりますが、小間物屋にも売っていました。化粧のあと刷毛で少し塗れば、光沢が出て、香りよく、きめを細かにし、顔のできものを癒すといいます。

戯作者の式亭三馬が副業に売り出した「江戸の水」は、「おしろいのよくのる薬」のキャッチコピーとともに大ヒット商品となりました。どんな原料がつかわれているかは不明ですが、『守貞漫稿』に「花の露、又、菊の露、江戸の水など名を変えて是を売る」とあって、名前は変わっても中身は似たようなものだとしています。

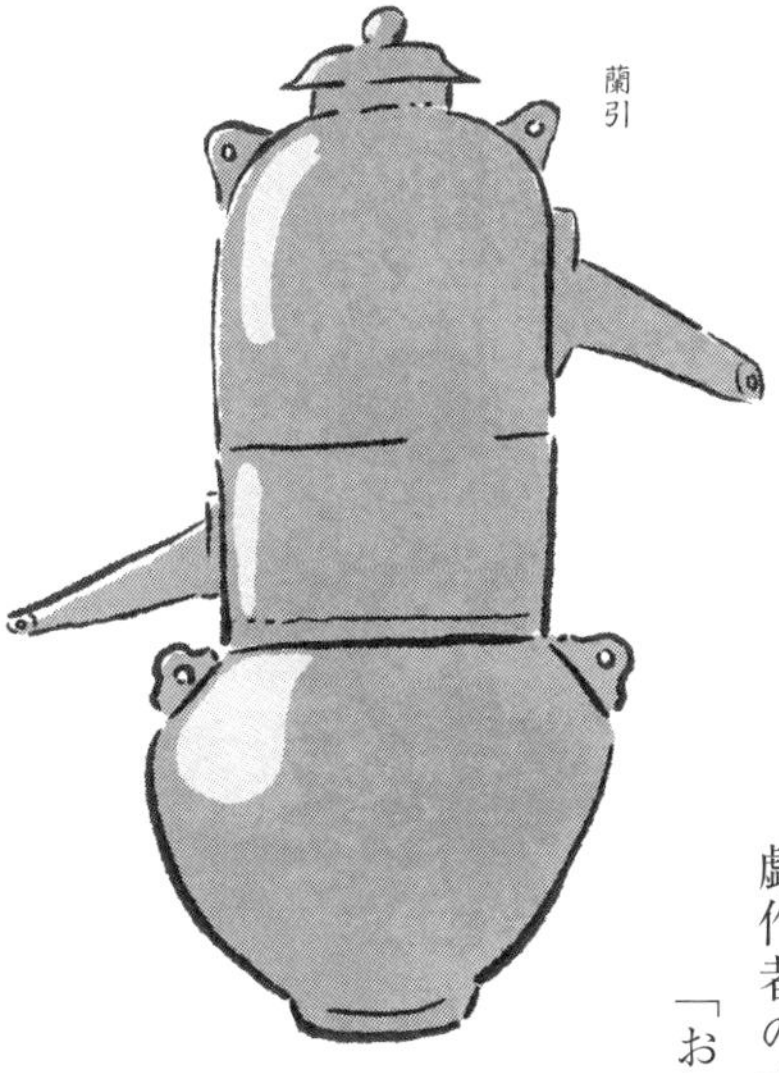

蘭引

〔お歯黒は無理なら、つけなくてもよい〕

お歯黒はウルシ科の植物ヌルデの葉にアブラムシが寄生してできた「虫こぶ」を乾燥させた「五倍子粉《ごふしこ》」と、鉄を硝酸などで溶かした「鉄漿水《かねみず》」を混ぜてつくります。古来より貴族社会に広まったもので、かつては男性もつけていました。江戸時代以降は既婚女性の身だしなみとされますが、はっきり年増と分かることを嫌い、妻女となっても、せいぜい出産するまでは白歯《しらは》でいる女性が多かったようです。

現代人から見ると、なぜこんなものをつけるのだろうと疑問に感じてしまいます。男性の「ちょんまげ」とともに江戸移住の大きなネックとなるでしょう。結論からいうと、お歯黒は無理ならつけることはありません。江戸末期になると日常的に鉄漿をつけない女性もけっこういましたから、多くの人と会うような場所以外では、つけていなくても、とがめられることはないと思います。

しかし当時の女性の誰もがお歯黒を嫌がったかというと、決してそんなことはないのです。色白の顔にお歯黒はよく映えました。とくに眉を落としたときには、黒い歯が際立ちますから、お歯黒の入り具合を気にかける婦人は少なくありません。

それにお歯黒には歯垢《しこう》や歯槽膿漏《しそうのうろう》の予防効果がありました。歯によいことは誰でも知っていたので、むしろ進んでお歯黒をつけたようです。もっとも黒い歯は虫歯のように見えるし、それにお歯黒そのものの臭いもありますから、そこは痛しかゆしでしょう。

江戸の化粧術・上級者編

ここまで基本的なお化粧の要領を見てきましたが、江戸の女性は季節や行事、また自身の顔のつくりに合わせて、きめ細かく化粧の仕方を変えていたようです。文化十一年（一八一四）刊の『容顔美艶考《ようがんびえんこう》』（並木正三著）より、当時最先端の化粧術を見ていきましょう。

春の化粧　とかく春の風はお顔の色を悪くするゆえ、お化粧はずいぶん熱い湯で洗顔の後、少し冷めたところを首すじから耳のうしろ、額と鼻と口元の四方にぴったりと白粉をおぬりなされ。中延ばしにして眉刷毛にて額より延ばし、鼻と口元の四方を刷き、その余りを目のあたりにお刷きなさい。次に紅粉《べに》を眉刷毛にて眉尻と眉先のあいだを薄くお引きなされて、眉刷毛を湯にぬらし、さっとしごいて額より目、頬のあたりまでお刷きなさい。鼻ばかりはお除《の》きになり、濡手拭でそっと押さえ、乾いたら薄白粉を肌理《きめ》へ白粉の染み込むようになさると、うつくしい艶《つや》が出ましょう。

夏の化粧　夏の化粧はずいぶん薄い方がよし。お顔をよくよくお洗いなされ、冷めたときに、白粉をお顔の先へ少しずつのばし、手に残ったのを首すじへおぬりなさい。耳の前後には、とんとぬらぬがよい。

秋の化粧　秋の化粧は時分が次第に陰気になりますゆえ、人の顔も白粉も色を失うものですから、下紅粉をお引きになるがよろしい。洗顔をよくしたのち、お目のあたりより眉尻、頬までぬって、中白粉をとっくりとなさい。このとき首すじはずいぶん濃く、お顔は中くらい、耳の前後はよくよくおぬりなさい。

冬の化粧　身体を冷やさぬよう炬燵によりそって、ずいぶん厚化粧をなさい。耳の間に薄く紅粉をお引きになれば、お顔の色艶を引き立てましょう。しかし、むしょうに厚化粧は見苦しいものですから、程《ほど》度のお心得が第一なり。お目のあたり、眉尻、頬のあたりまで、紅粉に少し白粉をまぜ合わせて眉刷毛でおぬりなさると、火によりそったとき、桜色に艶《あで》やかになりましょう。

花見化粧　花見遊山にて厚化粧は粉の吹いたごとくに下品になりましょう。薄化粧は花の下にては、お顔の色が赤黒う見えますほどに、中化粧なされるがよろしい。首すじ、耳の前後にとっくりと白粉をのばし、お顔の下へ花の露をぬり、白粉をいかにも厚く、濡らした眉刷毛にて、一ぺんお刷きなされ。そののち濡手拭にてしとしと押さえて冷ましたらば、いま一ぺん白粉をおのばしなさるとよい。

舟遊びの化粧　舟遊山は男女うちまじり、顔をつき合わしますゆえ、別して化粧はむずかしくなりましょう。厚化粧は髪の生え際と白粉のさかいに生地があらわれて見苦しくなりますれば、薄白粉がよろしい。ただし、うちうちの集いたる場にては厚化粧もまたよろしいときもあり。

芝居見物の化粧　桟敷などはおおぜいの人に見上げられる場なれば、お心得が第一になりましょう。ことに下から見上げられますと、鼻の穴が露見しますゆえ、悪う見えまする。お顔をずいぶん向こうへは出さぬがよろしい。さて、化粧は濃白粉がよい。鬢《びん》付け油を鼻の際、鼻すじ、頤《おとがい》までよくすり込み、その後へ白粉を、鼻より喉まで粉の吹くようにおぬりなさい。ひと通りの白粉では人気に押されて赤黒く見え、または役者の濃白粉に負けましょう。額の白粉を濃くすれば、鼻が低うなり、額が出て見えますれば、なお、お心得いたすべきものなり。

盆踊り化粧　踊りのなかに入りては目立たぬゆえ、首すじに際を立て、ずいぶん厚くして、力一杯白くなさいまし。口紅粉も濃くするがよろしい。しかし、黄金色に見ゆるほど引いては見苦しく、ことに夜明けてよりあさましく見えますれば、頭巾などを召してお帰りなさるがよい。

娘の化粧　振袖めします時分には、お顔に脂の浮くものゆえ、洗粉《あらいこ》にてよくよく洗い、冷めたときに白粉は中位になさり、首すじに襟足白粉を二本足、三本足につけ、耳の後生際をきっぱりなさいまし。はじめに目の際へ白粉をつけると濃く見えて悪《あ》し。目のふちの白粉を濃くなさると鼻が低く見えてこれも悪し。額は二割がた薄くなさるがよい。白粉が厚いと額が出たように見えますゆえ、お心得なさいませ。

下女の化粧　下女は化粧を厚くすべからず。白粉を手にてとき、白水ほどにして、まんべんにぬり、眉は手拭にてとっくりと拭き、かならず墨は引かぬがよろしい。

お妾の化粧　お妾の身仕度は駆引き心得がいたってむつかしい。素人より粋に見え、玄人よりは上品におぼこに見えるようにつくるを第一とお心得あれ。まず厚化粧にして眉を濃くつくり、眉頭にすこしばかり紅をさし、薄墨にて引くべし。眉尻は濃くきっぱりとつけなされ。口紅は二重にさすのがよし。耳たぶに紅粉を少しぼかし、首すじから耳の後ろは厚化粧がよい。

馬顔の化粧　女の顔の長きは化粧の仕方や髪の恰好が甚だむつかしゅうございます。このお顔にはまずは首筋より耳までを中白粉になさるとよい。喉より頤までは厚白粉にし、顔は薄白粉がよい。額の生え際を低くつくり、耳の生え下りはずいぶん短く剃り上げて、耳の白粉は薄くされるとよい。

丸顔の化粧　丸過ぎるお顔は鍋蓋といわれまする。こうしたお顔には、耳の後ろから首すじを中白粉にして、つとの下を薄くなさい。顔を厚くするのはよろしい。額の生え下がりは長く、耳の前の生え下がりは、とりわけ長くなさるとよい。

黒顔の化粧　色のお黒き方は白粉をなさると、まだらになって見苦しきものなり。化粧なさるときは白粉を花の露にてとき、眉刷毛で延ばし、よく乾かしてから、中白粉になされて眉刷毛にてすりつけるがよい。白粉をされた後もよく乾かし、紅粉を手で薄くといて、鼻すじのみを残して、眉刷毛で桃色に延ばしなさると、乾くにしたがい、白粉がだんだんに浮き出て艶よく、地黒が出ることはなし。

男性も身づくろい

埃っぽい江戸の町では毎日湯屋へ行ってさっぱりするのはもちろんです。月代がのびることほど見苦しいものはありませんから、三日とあけずに髪結床へ行くのを忘れません。自慢の小ぶりに結い上げた小銀杏が横面にうなだれる形なんざぁ粋だねえ——鬢のほつれのないように毎日直して、元結だって古くてはいけません。

歯磨きは毎朝、房楊枝でしっかりおこないましょう。江戸っ子は口臭を指摘されるのを何より恐れました。よく親方が若い者をたしなめるのに「黙っていろ、口が臭いぞ」なんていったものです。それだから三馬の店で「精製御歯磨粉」混じりっ気なしなんてものを買ってきて、せっせと磨きますが、どうも歯磨きには銭がかかります。

それから、むだ毛処理の入念さは現代の男子以上かもしれません。

髭は抜きます。美容エステなんてありませんから、木製の毛抜きで一本ずつ抜くのですが、手間のかかる作業なので、毎日気のついたときにちょっとずつやります。髪結床の待ち時間を利用するとよいでしょう。

陰毛の処理は湯屋でおこないます。石榴口のところにかならず「毛切石」なるものが置いてあって、ふたつの石をすり合わせて毛を切りました。とくに尻毛を切るのはコツがいります。この石はすり合わせたとき蛙の鳴き声みたいな音を出しますから、切りながら何とも情けない気分になること請け合いです。

また通人ともなれば胸毛やすね毛の処理も大切。これも木製の毛抜きで抜いてしまいます。あゝ痛い。痛いです。でも我慢です。何しろ身だしなみです。男の身だしなみとは、つまるところ我慢なのです。

江戸社会の決まり事～その四～

尺貫法ではかると

長さはメートル、重さはグラム、容積はリットルなど、普段つかっている単位は江戸では通用しません。「尺」「寸」「間」「町」「貫」「斤」「石」……耳慣れないことばにかこまれても困らないように、江戸でつかわれていた尺貫法をざっと頭に入れておきましょう。

尺貫法とは、長さ（度）を尺、容積（量）を升、重さ（衡）を貫であらわす古来の度量衡《どりょうこう》です。

これには基準となる「物」がないため、時代や地域によって若干の差異が生じましたが、人びとが社会生活のなかで工夫をかさねて精度を上げていきました。

長さ

一寸《すん》＝三・〇三センチ
一尺《しゃく》＝十寸＝三〇・三センチ
一丈《じょう》＝十尺＝三・〇三メートル

尺貫法の長さをメートル法に直すと循環少数となって割りきれないので、およそ一寸三センチと覚えておけばよいでしょう（円周率を「3」とするようなモヤモヤ感は残りますが……）。その十倍が一尺、さらに十倍が一丈です。

あまりつかわれませんが、一尺の十分の一が分（約三ミリ）、さらに分の十分の一が厘（約〇・三ミリ）となります。

尺は前腕《ぜんわん》（尺骨《しゃくぼね》）の長さからもとめたとされ

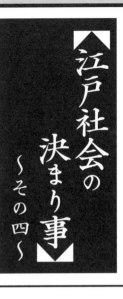

る中国の曲尺《かねじゃく》をあてはめました。これによく似た鯨尺《くじらじゃく》が、現在も和服の寸法に用いられますが、こちらは長さがちがい、一尺＝三・七八センチです。また、このほかにも京都の大工がつかった又四郎尺《またしろうじゃく》、徳川吉宗が天体観測をした享保尺《きょうほうじゃく》、伊能忠敬《いのうただたか》の折衷尺《せっちゅうじゃく》、呉服屋のつかう呉服尺《ごふくじゃく》などの尺度があり、それぞれに長さが異なりますが、これらは覚える必要はないでしょう。

「寸三・尺三〇・丈三〇〇（センチ）」と頭に入れれば十分です。

距離

一間《けん》＝六尺＝約一・八二メートル

一町《ちょう》＝六十間＝約一〇九・〇九メートル

一里《り》＝三十六町＝約三・九三キロメートル

身近な長さからスケールを伸ばせば距離の単位となります。六尺が一間、三十六町で一里と六の倍数が出てくるのが少しややこしいです。

間の単位は大人の身長がだいたい収まることから求められました。九尺二間の裏店というように土地建物の単位にもつかわれます。豊臣秀吉が検地竿《けんちざお》に用いた一間＝六尺三寸をもとに建物をつくりました。そのときの一畳六尺三寸×三尺一寸五分を京間《きょうま》といいます。一方、江戸では一間六尺とし、一畳五尺八寸×二尺九寸の江戸間《えどま》がつかわれました。現在も家の間取りが関東よりも関西が広いのはこれに由来しています。

なお古町といわれる江戸で最初期に開かれた日本橋や京橋界隈は、まだ江戸間ができる以前の家並みのために京間がつかわれていて、表店の間取りはやや広く取られています。

江戸生活においては「間は人間の背丈・町は約百メートル・里は四キロ」と覚えればよいでしょう。

面積

一坪《つぼ》（＝歩《ぶ》）＝六尺平方＝三・三平方メートル

一畝《せ》＝三十坪＝九九・一六平方メートル＝約一アール

一反《たん》（＝段《だん》）＝十畝＝九九一・七四平方メートル＝約一〇アール

一町《ちょう》＝十反＝九九一七・四平方メートル＝約一〇〇アール

面積の単位では土地建物の面積で一坪が、だいたい二畳と覚えておけばよいでしょう。田畑山林の面積をはかる場合には坪ではなく歩、反、町であらわします。江戸の町なかに住む場合には馴染みがないと思います。

重さ

一匁《もんめ》＝三・七五グラム

一斤《きん》＝百六十匁＝六〇〇グラム

一貫＝千匁＝三・七五キログラム

重さの単位の基本となる貫は、もともと中国の通貨単位で銀貨一千枚を意味します。匁・斤・貫の比率が一：一六〇：一〇〇〇。よく目方売りに出てくる一斤は六〇〇グラムだと覚えておくと便利でしょう。

容積

一勺《しゃく》＝一八ミリリットル

一合《ごう》＝十勺＝一八〇ミリリットル
一升《しょう》＝十合＝一・八リットル
一斗《と》＝十升＝一八リットル
一石《こく》＝十斗＝一八〇リットル

酒飲みの人には分かりやすいのではないでしょうか。お猪口《ちょこ》に一杯、これが一勺。徳利《とっくり》が一合。一升びんがその名の通り一升。酒樽が一斗。十樽で一石となります。

ところで一升枡《いっしょうます》には京枡《きょうます》と江戸枡《えどます》の二種類ありました。

京枡は豊臣秀吉が太閤検地のときに統一したもので、

一升枡＝縦横四寸九分、深さ二寸七分

と定めて以降、上方でつかわれています。

江戸枡は徳川家康が江戸枡座をひらいて制作させたもので、

一升枡＝縦横五寸、深さ二寸五分

と定め、関東ではこちらがつかわれていました。しかし京枡が江戸にも入ってくるようになると、枡が統一していないと都合が悪いということで、寛文九年（一六六九）に京枡が全国統一に決まりました。このとき幕府は形状が変わっても内容量は変わらないと説明しますが、実際には京枡は江戸枡よりも若干大きくなっています。枡が大きければ年貢米も多くなるという仕組みで、つまり幕府はまんまとだましたわけです。

第五章
目と口とおへその下

一日シバヤ気分

江戸の川柳に「日に三箱《みはこ》鼻の上下臍《へそ》の下」というのがあります。

箱とは千両箱のことで、江戸では一日に千両の金が流れる場所が三カ所ありました。ひとつは鼻の上、つまり目で楽しむ芝居町。江戸三座で昼間に千両の金が動きます。次が鼻の下、これは口で味わう魚河岸で、朝のうちに千両の商いがありました。最後のおへその下は吉原。こちらは夜です。ひと晩に千両がつかわれました。都合三千両――この三大繁華街を〝日千両《ひせんりょう》〟などと呼びます。

このうち魚河岸と吉原は、いまはもうなくなって、記録と記憶にその繁栄をたどるばかりですが、芝居だけは江戸以来の伝統を現代に引き継いでいます。

歌舞伎ファンにはいわずもがなでしょうが、歌舞伎をシバヤと呼んだ江戸の人たちがどんなふうに楽しんだのか、また、いまの歌舞伎とちがうところがあるのか。

そんなことを見ていきましょう。

芝居見物の一日

暁八ツ（午前二時頃）、興行を知らせる一番太鼓がドン、ドドンとおごそかに深夜の市中にとどろきます。太鼓が止んでしばらくすると、上演前まだ客も入らないなかで、幕も開けたままに番立《ばんだち》というものがおこなわれます。舞台を清めて興行成功を願う儀式には下級役者が三番叟《さんばそう》を踏みました。この三番叟が終わると幕をいったん閉じて、しばらくしてから脇狂言《わききょうげん》が開幕します。これは各座に伝わる祝言劇で、中村座の「酒天童子《しゅてんどうじ》」、市村座が「七福神」、森田座は「甲子《きのえね》待《まち》」と演目が決まっていました。時刻はおよそ七ツ（午前四時頃）というところ。暗くて顔もはっきりしない舞台の上で下立役《しもたちやく》の通称稲荷町《いなりまち》と呼ばれる最下層の役者が演じます。よほどの芝居好きでも脇狂言から観ているお客はまずいません。

　次に序開きといって開幕劇がおこなわれますが、これは稲荷町らの練習劇のようなもので、本狂言とは無関係の滑稽劇などが演じられます。このあたりになると平土間には、少しでもよい席を確保しようと早くから来たお客の姿がちらほら見られるでしょう。つづく二建目《ふたてめ》も本狂言とは別物で、見習作者が脚本を書き、稲荷町よりも少し上の中通《ちゅうどおり》の役者が演じました。

　明六ツ（午前六時頃）の鐘を合図に、芝居のはじまりを告げる二番太鼓が威勢よく打鳴らされます。芝居町に並んだ芝居茶屋から雇衆《やといし》に案内されて、お客が芝居小屋にぞくぞくと入ってきました。二階の桟敷《さじき》は諸家の御留守居役や裕福な町人が高いお金を払って予約しておきます。下は平土間の枡席と、東西に一段高く高平土間が並びました。これらも茶屋を通して席を確保することが多いようです。

　舞台に暁が差し込む頃にはじまる三建目《みたてめ》が本当の序幕であり、ここからが本狂言となります。一番目狂言（時代物）は三建目・四《よつ》建目・五《いつ》建目の三幕、さらに大詰《おおづめ》がついての四幕。ここで幕間《まくあい》を入れたら、二番目狂言(世話物)が序幕、中幕《なかまく》と続き、大切《おおぎり》で終わる——これが一日の狂言立てでした。

一番目狂言の時代物は、江戸の現在から見て過去に題材をとったお話です。とくに徳川家に関することは脚色しづらいので、もっぱら徳川以前の史実をもとに芝居化しました。たとえ幕府にかかわる事柄であっても、足利時代とか鎌倉時代などの遠い時代に設定を変えて演じます。徳川氏以外の人物も織田信長が小田春長、羽柴秀吉は真芝久吉なんて変名をつかったりしました。

もっとも史実などは、ほとんど無視した自由で空想的なものが歓迎されます。時代狂言の大きなテーマは謀反。城や世の中の転覆を企てる悪者と立ち向かう忠臣の戦い——そこに暗殺、毒殺、誘拐《かどわかし》、怨霊、妖術、事物の紛失《ふんじつ》などが因果をなした波瀾含みの展開が常でした。ことさら史実にこだわる作者は技量がないと軽蔑されるし、時代物の荒唐無稽さを指摘するのは野暮というものです。

一番目狂言の幕切れにチョンチョンと柝《き》の頭《かしら》が入って幕間となります。

桟敷には、すでに酒と酒肴が運ばれているところへ料理が届けられました。幕間が長いと、いったん屋敷にもどって昼膳をとる武士もいます。このときは平土間の客もかならず酒や湯茶を飲み、弁当をつかいました。上演時間が長いこともありますが、芝居は観ること食べることを含めて、まる一日をかけた楽しみだからです。

　幕間に茶屋や仕出屋から運ばれるのが菓子に弁当に寿司――三つの頭文字から「かべす」と呼んだのは明治十五、六年から――です。まず弁当は、軽く焼いた丸扁平の小さな握り飯が十個。添え物は玉子焼、蒲鉾、蒟蒻《こんにゃく》、焼豆腐、干瓢《かんぴょう》で、これを箱六寸（約一八センチ）に詰めて百文でした。幕の内弁当といって、江戸っ子はこれを食べないと芝居に出かけた気がしないといいます。寿司は押しずしと巻物を経木《きょうぎ》に包み、菓子は網笠餅《あみがさもち》（米粉に白餡）とか羊羹《ようかん》、蒸饅頭《むしまんじゅう》などを紙にのせてきました。

　幕間も終わりに近づく昼九ツ半（午後一時頃）、表の木戸番が「二番目じゃ、二番目じゃ〜い」と大きな声を上げます。木戸番は木戸芸者ともいい、一幕ごと名題《なだい》と役を節回しで読立《よみた》てし、女形の声色をつかって客引きするなど、やたらと喋りました。二番目狂言から観るお客は割引という呼び声にも引かれてお客がどっさり入ってきます。雇衆は平土間客に「どうぞ膝送《ひざおく》りを」と、どんどん詰め込むので、枡席は客が増すため、ますます狭くなります。

　ふたたび幕が開き、チョーンと止め柝《とぎ》が入ると、二番目狂言の序幕です。二番目に演じられる世話物は市井の出来事をあつかう、江戸時代においての現代劇で、空想的な時代物とくらべると写実的な演出が特徴でした。写実といっても事件をありのまま描くということでなく、そこに濡れ場、縁切り場、殺し場、責め場、ゆすり場、世話場といくつも見せ場をつくるのですが、その表現がなまなましいのです。

濡れ場は男女の色恋を演ずる場面で、いまの歌舞伎は直接の性表現を避けますが、江戸時代には濡事師《ぬれごとし》といわれる役柄がきわどい演技で官能的な場面をつくりました。

縁切り場は相思相愛の男女に何かの事情ができて、女は男に愛想尽かしをします。これは女の本心ではありません。男のためを思う女のまことから出たものですが、プライドを傷つけられた男は怒り狂い——女に対する、または間男などへの——殺し場へと移ります。

殺し場は残酷を描き出します。狂言に人殺しは珍しくないし、たいてい何人か殺されますが、あえて殺し場というからには、ひと思いに殺《や》らずに、突き刺し、斬り込み、責め苛《さいな》んで嬲《なぶ》り殺します。この血みどろの見せ場の果てに、女のまことが明らかとなると、凄惨さは一転して哀切へと変化していくことでしょう。

責め場はおなじく残酷でも殺しません。たいていは半死半生にとどめておきます。弱い主役が権力をもつ悪役から折檻《せっかん》や拷問が加えられる苦痛の姿が見せ場ですが、サディスティックな悪役の演じ方によって、そこに官能的な美しさを描いてみせます。

悪役の姿がいっそうきわだつのが、ゆすり場でしょう。濡れ場や殺し場のない世話狂言はあっても、ゆすり場のないものはありません。ゆするだけの場面が物語にさしたる影響も与えないでしょうが、ひとえに悪役の魅力を引き立てる演出です。

世話場は泣かせる場面です。歌舞伎では少なくとも一幕は泣かせる場面をつけることが最も重要でした。多くの観客とおなじく、裏店暮らしの主役が貧しさゆえにさまざまな悲劇に見舞われます。病気、娘の身売り、夫婦離別などの愁嘆場《しゅうたんば》をどのように演じるかが役者、ひいては作者の腕の見せどころとなります。

昔は一日かけて、ひとつの演目を演じる通し狂言でした。一番目に時代物、二番目が世話物という狂言立てが定着するのは江戸時代後期のことで、これはお客が長丁場に飽きてしまわないための工夫といわれます。ただし通し狂言がなくなったのではありません。たとえば「仮名手本忠臣蔵」は、大序から十一段目まである長い狂言ですが、歌舞妓の独参湯《どくじんとう》（特効薬という意味）といわれ、お客の不入りが続いても、これを上演すれば大入りを呼べることから、何度も通し狂言でおこなわれています。

また時代物と世話物に分かれても両者何らかの関係があることが多く、一日一狂言の風習は長く残りました。たとえば鶴屋南北の「東海道四谷怪談（以下四谷怪談）」は「仮名手本忠臣蔵（以下忠臣蔵）」を題材にしてつくられたもので、文政八年（一八二八）の初演時は時代物に見立てた忠臣蔵を前半に演じ、後半に世話物の四谷怪談を演じています（詳しく見ると、初日の前半が忠臣蔵の大序から六段目まで。後半が四谷怪談の浅草境内から隠亡掘《おんぼうぼり》まで。後日《ごにち》の前半は四谷怪談の隠亡掘につづき忠臣蔵の七段目、九段目、十段目。後半は四谷怪談の三角屋敷から蛇山庵室《へびやまあんじつ》のあとに忠臣蔵の十一段目―という二日がかりの上演でした）。

いずれにしろ江戸時代の芝居見物は、一日を通して狂言のドラマツルギーのなかに遊びます。観客も筋はよく知っていたので、役者の出ている番付を見ればもう十分に味わいつくすことができました。いまの歌舞伎が人気場面をいくつも見取りで上演するのとは、少しちがった楽しみかもしれません。

さて一日の芝居の締めくくり。大切が結末を迎えて、観客が大いに腑《ふ》に落ちたところで、終演を告げる追い出し太鼓がテンデンバラバラと鳴ります。もう暮六ツ（午後六時頃）にかかろうという時分になっていました。桟敷客はこれから茶屋の二階へ移り、祝宴を開くのでしょう。平土間の客たちは晴れの日のしめくくりに、芝居町でうまいものを食っていこうか、なんて考えながら、てんでに帰途につきます。

こうして何ヶ月も楽しみにしてきた芝居見物の一日が終わりました。

江戸三座の賑わい

芝居小屋の入口に組まれた櫓《やぐら》は、お客を呼び込む太鼓を鳴らすためのしつらえであると同時に幕府公認（官許）のしるしです。火災の多い江戸では、芝居小屋のように図体が大きくて吹き抜け構造の建物は、延焼の危険から、その数が制限されました。

お上に認められて櫓を上げたのが日本橋境町《さかいちょう》（現中央区日本橋人形町三丁目）の中村座、日本橋葺《ふき》屋町《やちょう》（現中央区日本橋芳町三丁目）の市村座、木挽町《こびきちょう》（現中央区銀座五丁目）の森田座で、これを江戸三座と呼びます。もうひとつ木挽町に山村座があって、かつては江戸四座でしたが、正徳四年（一七一四）に江戸城大奥の年寄江島（絵島）と山村座の役者生島新五郎の密会が表沙汰となった絵島生島事件によって一座は断絶したために、三座のみが大芝居として公認されることとなりました。

また、三座が何らかの事情で興行できないときには、控櫓《ひかえやぐら》といって、ほかの芝居小屋が代わりに興行をおこなう取り決めがあります。中村座は都座、市村座は村山座または桐《きり》座、森田座は河原崎座がそれぞれ控櫓と決められました。


三座の周辺は芝居茶屋や料理屋などの遊興施設が建ち並んで大変に賑わいます。とくに中村座と市村座が人形町通りでひと続きとなる境町と葺屋町は、通称「二丁町」と呼ばれて、役者や芝居関係者の住居もあつまる華やかな芝居町を形成しました。

ところが天保十三年(一八四二)に江戸三座は日本橋、京橋周辺から浅草猿若町への所替えが命じられます。その前年には失火によって二丁町一帯が延焼し、中村座と市村座が全焼の憂き目に遭っていました。おりしも天保の改革のさなか、老中水野忠邦は風紀を乱す芝居小屋を一気に取り潰そうと考えます。このときに町奉行遠山左衛門尉景元《とおやまさえもんのじょうかげもと》、おなじみ遠山の金さんが、市民の楽しみだから取り上げないで、芝居小屋を郊外に移してはどうか、と進言したことで江戸三座の猿若町移転が決定したといわれます。

しかし消滅の危機はまぬかれたものの、芝居への弾圧は苛烈でした。当代随一の七代目市川団十郎が日頃の奢りがけしからんと難癖をつけられて江戸払いになるし、役者は一般市民と会合をしてはいかん、外出の際には網笠をかぶって歩け、などと無体な命令が出されます。また灯火の使用を禁じ、芝居の上演時間は明六ツ半（午前七時頃）より昼七ツ（午後四時頃）までと定められました。

突然の所替えと人気役者の消滅がたたって、芝居興行は不入りつづきとなります。猿若町での三十年間ほどは、文化文政期の芝居全盛時代の華やかさをとり戻すことがないままに、幕府は瓦解して明治維新を迎えました。三座のなかでは守田座（森田座）が明治五年（一八七二）に新富町（現中央区新富町）に移り、新富座と改称します。明治十五年（一八八二）には中村座が失火による全焼を期に浅草西鳥越町《にしとりこえ》（現台東区鳥越）に猿若座を建てました。さらに十年後の明治二十五年（一八九二）、市村座が下谷二長町《にちょうまち》（現台東区台東）の新劇場に移転を果たします。三座とも繁華地へ戻ることになりましたが、その頃は東京市中に官許の劇場が増えていたし、新富座、市村座、猿若座がかつてのように三座と呼ばれることはありませんでした。

芝居小屋の風情

芝居小屋の外観は、二〇八頁の絵のようになっています。屋根の上にしつらえた櫓が官許のしるし。大きさは九尺（約二・七メートル）四方で、木綿布地で囲んだ正面には座元《ざもと》（興行主）の家紋を染め抜きます。櫓の下には三本の腕木をせり出し、的に矢が当った当《あたり》看板を提げました。

江戸時代の芝居興行は小屋の持主であり興行権を所有する座元が、複数の金主《きんしゅ》からの資金提供を受けておこないます。そのため役者の顔ぶれが悪いと金主がよい顔をしません。当時、役者は座元（芝居小屋）と一年間の専属契約を結びました。一年間はおなじ芝居小屋で一座として興行をします。これにはまず座頭《ざがしら》を決めました。一座の代表であり、楽屋や舞台一切を取り仕切る座頭を誰にするかは最も重要です。それから座元と座頭が相談の上で座組み（顔ぶれ）を決めていきました。毎年十一月の顔見世興行は「芝居国の正月」といわれ、芝居町があたらしい座組みに沸き返ります。

この座組みをしめすのが絵看板で、役者の名前や芸の特徴と家紋を書き入れます。昔は八枚看板を掲げて、右から一枚目が花形、この芝居の主役がきました。「一枚看板」などといいます。二枚目が色事師で美男役。美男子を「二枚目」というのは絵看板から出たものです。三枚目は「つま師」道化役です。これも「三枚目」の語源になりました。四枚目は中軸《なかじく》、芝居の重要な役どころになります。五枚目は敵役、六枚目の実敵は善人にみえて悪人、またはその逆という役回りで、七枚目が実悪《じつあく》という敵の首魁。最後の八枚目に座頭を掲げました。

次に大名題看板《おおなだいかんばん》というものを上げます。これは上演する芝居の題名を太い筆で丸みをもたせて、空白を残さないように書きました。客席が隙間なく埋まるようにという縁起をかついだものです。

その横の小名題看板《こなだいかんばん》は芝居の各段の題名をしめすもので、多くの狂言は四番つづきということで、横に四枚並べました。この上に一枚看板を持ってくることもあります。

その横に役割看板を掲げ、どの役を誰がつとめるかを文字であらわしました。

芝居小屋の概観「守貞漫稿」（国立国会図書館蔵）

名代看板
大名題看板
役割看板
小名題看板
木戸口

上桟敷の見物人
「役者夏の富士」
（国立国会図書館蔵）

絵では左の方に木戸口があってお客が入っていきます。芝居を見物するには芝居茶屋をとおして席を確保することが多く、そうしたお客は茶屋からの通路で席に向かいました。木戸口から入るのは、芝居茶屋をとおさない平土間客、あるいは大向うという高桟敷で一《ひと》幕《まく》見《み》をするお客でしょう。こうした平土間客も芝居茶屋から菓子、弁当、鮨だけは取り寄せるのが習慣だったので、「かべすの客」なんて呼ばれました。

芝居小屋のなかは左右の二階部分が**上桟敷**になっています。武士や裕福な町人とか御殿女中が、お忍びで見物するときは、あらかじめ芝居茶屋に高い料金を支払ってよい席を確保しました。朝ゆっくりと芝居茶屋へ行き、ひと休みしてから案内で上桟敷席につくと、酒、肴、料理がぞくぞく運ばれてきます。たいそう快適に見物できますが、どんなに安くても一両二分（約十万円）はかかったといいますから、庶民にはとても手がでません。

左右一階部分に下桟敷という筵《むしろ》敷きに二本の木枠をつけた席があります。その形状が鶉《うずら》を飼う鶉籠に似ているので**鶉桟敷**《うずらさじき》とも呼ばれました。その下が高土間で、これは平土間より一段高く板敷きになっています。料金は鶉桟敷が銀三十五匁（約四万三千円）、高土間が銀三十匁（約三万七千円）というところ。

舞台の正面にあたる平土間は枡席になっていて、ひと枡が六、七人詰めで料金は銀二十五匁（三万円）、これを家族や友人同士で買って見物します。混みあうと割土間といって一人一朱（約五千円）払って相席しました。大入りのときはぎゅうぎゅうに詰め込まれ、逆に入りが悪いと料金は毎日下がっていきます。

平土間席といえども庶民にとってはけっし

愁嘆場を観る鶉桟敷、高土間の客「客者評判記」（国立国会図書館蔵）

荒事を見る平土間客「客者評判記」（国立国会図書館蔵）

て安くありません。芝居見物なんて年に一回か、せいぜい二回の大イベントでした。とくに女性ファンは、芝居の日には夜明け前に起きて、念入りに化粧をしたら、一番いい着物を身につけて出かけます。なかには前の日から茶屋に泊り込んで、よい席を確保する人もいました。

平土間の前列、かぶり付きのところを切落しといいます。ここは舞台を見上げる形になって骨が折れるし、舞台全体を見回せないために、料金は百三十二文（約千五百円）と安く、芝居見巧者などはここで見物しました。

正面後ろ二階の**向桟敷**《むこうさじき》は、大向うといわれる一幕見の立見席です。舞台から遠くて、台詞もよく聞えませんが、料金はひと幕十六文（約二百円）程度で観られました。ひと幕が終わるたびに、芝居小屋の雇衆が笊を

折檻の場を観る見物の顔

濡れ場を観る向桟敷の見物人
上下とも「客者評判記」
（国立国会図書館蔵）

持って金を集めながら、次の幕を観るかどうかをきいて回ります。芝居通がここに陣取って、役者が見得《みえ》を切ったときに褒めことばや屋号を叫んだりしました。「大向うから声がかかる」とはここから出たことばです。

小芝居を楽しむ

江戸の人びとは歌舞妓をシバヤといい、また大芝居ともいいました。大芝居の入場料は高いから滅多に出かけることはできません。普段は役者絵でもながめて芝居を観たような気になるのが関の山でしょう。そうした庶民の欲求を満たしたのが、寺社の境内などで興行される小芝居でした。料金はぐっと安くて、百文(約千二百円)が相場ですから、いつでも気楽に観ることができます。

小芝居は寺社奉行よりお目こぼし的に許可された臨時興行です。櫓の設置は許されず、引幕《ひきまく》も禁止されました。寺社境内でおこなわれるので宮地芝居といいます。また幕に緞帳《どんちょう》をもちいたので緞帳芝居なんて呼ばれました。

しかし料金は安くても、また小屋掛けや舞台装置が粗末でも、内容が乏しいとはかぎりません。もちろん玉石混合《ぎょくせきこんこう》ではあったでしょうが、小芝居の役者には演技において大芝居にひけをとらない者も少なくありませんでした。

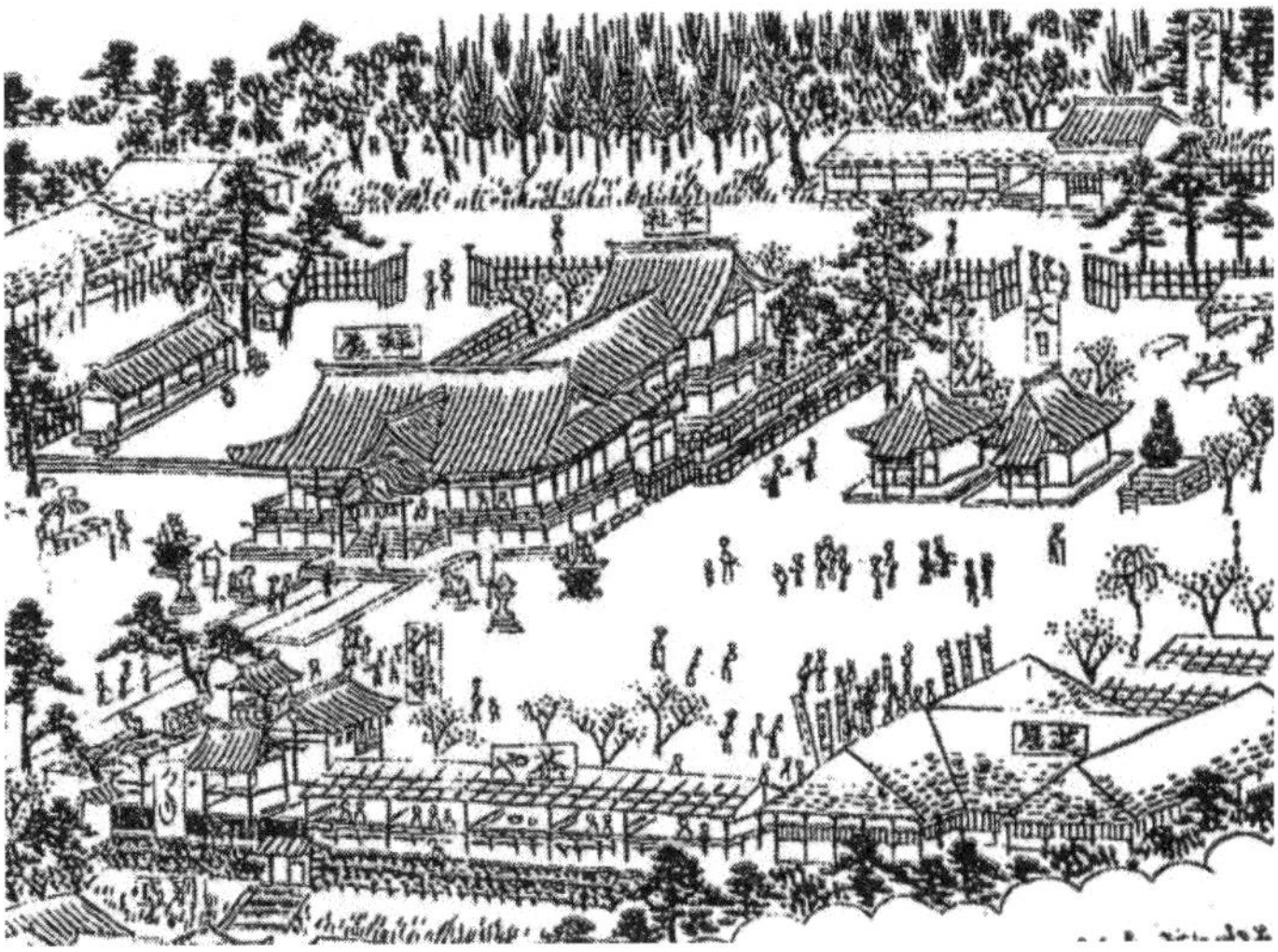

市谷八幡境内 右下に「芝居」とある。
「江戸名所図会」より（国立国会図書館蔵）

歌舞伎では名門、名跡がものをいい、よい役柄は血筋で固められるしきたりです。名門の出ではない役者は、いくら芸がうまくとも端役しかもらえません。それに甘んじることのできない役者が小屋掛けの小芝居に出演し、座頭になるなんてことがありました。また、そこに若い役者（あるいは役者の卵）も入門してきます。慣習にとらわれず芝居に精進できるため、緞帳芝居といっても、内容はけっしてないがしろにしません。それゆえ多くの江戸市民は大芝居よりも小芝居を好んだところがあります。

小芝居は即席の小屋掛けでおこなわれたものは数知れずありますが、**市谷八幡**、芝神明、湯島天神の三カ所は「宮地三座」と呼ばれ、常設施設で興行しています。ほかに神田明神、浅草奥山、深川八幡などで定常的に芝居がおこなわれました。

その後、宮地三座は天保の改革で取り払われ、いったん両国橋西広小路へと逃れて興行をつづけますが、やがてそこも追われてしまいます。しかし、それで終わることなく天保の改革後にはふたたび復活して、幕末から明治にかけて隆盛をみました。

美味しい江戸めぐり

江戸時代は二百六十年あまりつづきましたから、その初めの方と終わりの方ではすっかり様相がちがいます。江戸初期には上方文化圏の強い影響下にあって、江戸的な風情は希薄でした。しかし江戸中期以降、実力をつけてきた町人層から独自の庶民文化がうみだされ、大きく花開きます。それは一過性の流行にとどまらず、日本文化を代表するまでに発展をとげました。その代表的なものが食文化でしょう。

いまや和食の顔ともいえる寿司も鰻も天ぷらも、その原型は上方にありましたが、江戸の庶民生活とのかかわりで進化し、洗練を加えました。そこには市井の人たちが食を謳歌する姿があります。外食の即席料理という下々の食べ物でありながら、貴族の宮廷料理や武家の懐石料理を凌駕する勢いで庶民の食文化が確立されたのですから、まさに革命的といえるでしょう。

ここでは現代に引き継がれる江戸の食がどのようにうまれたのかをざっと眺めたのち、江戸の鰻屋、寿司屋、天ぷら屋、蕎麦屋、酒屋をのぞいてみたいと思います。

外食文化の発展

いま考えると妙ですが、昔は外食をするのは下品なこととされました。たとえば休日に家族で食事に出かけるとき、近所の人から「お出かけですか。どちらまで」なんて声をかけられて、「いえ、ちょっとそこまで」などと口ごもってしまう。店屋物《テンヤもの》（出前をとるのにこういいました）の器が玄関口に置いてあると「あの家は堅気じゃないね」と陰口もいわれかねません。外食をするのが何となく後ろめたいとか、恥ずかしいという気持が昭和の頃にはあったものです。いや、みだりに外食をするのを慎む感覚はそれよりも以前に、おそらく江戸の人びとがもっていたにちがいありません。

江戸時代までは外出時に食料を携行するのがあたりまえで、外食をする、つまり他人から食べ物の提供を受けるという習慣はありませんでした。ことに武家であれば食を他人の手にゆだねるなど不覚とされます。参勤交代などで大名家が道中をいく場合には、御泊方《おとまりかた》と御休方《おやすみかた》の家臣が鍋釜など炊事道具を背負って歩き、宿場では本陣に構え、賄いの一切をおこないました。けっしてほかの食事はとりません。

江戸はこのような武家のあつまる都でしたから、寛永の頃（一六二四―四五）まで街道筋に茶店が点在するほかは、飯を食べさせる店なんて一軒もなかったのです。そんな江戸市中にもやがて飲食店ができるのですが、そのきっかけとなったのは災害でした。

明暦三年（一六五七）の大火は、江戸の三分の二を焼きつくします。焦土と化した市中にあらわれたのが、復旧工事の職人や被災者に食べ物を売る煮売屋でした。かれらの売る食料によって人びとは飢えをしのぎます。それればかりか普段は絶対に買い食いをしない武士までが口にするということで、市民のあいだに抵抗なく外食が広がったのでしょう。明暦の大火を契機として江戸に飲食店があらわれていきます。

江戸での飲食の形態には振売り、屋台店、常設店とあって、それぞれに発展の過程がありました。

振売りは零細民がたいした元手もいらず、技術もなしにはじめられる商売で、はじめは食材を売る（かぼちゃ売り、浅蜊売りなど）とか、あらかじめ調製したものを売る（煮豆売り、納豆売りなど）形でしたが、元禄の頃（一六八八―一七〇四）に七輪が登場すると、その場で調理する（おでん屋、熱燗売り、風鈴蕎麦など）こともできるようになりました。

屋台店は人の多い場所に半固定に店を広げるもので、江戸の飲食店は多くがこの形態です。寺社の境内や門前、花見や月見など行楽地、繁華な通りや広小路など、人の賑わうところにはかならず屋台が並びました。安くて手軽なので、出かけた先で小腹を満たすのにもうってつけで、また身体をつかう仕事では気楽に間食《かんじき》ができるありがたい存在です。寿司も鰻も天ぷらも、もとは屋台店で安価に立ち食いできるファストフードとして登場し、のちに高級化して専門店がうまれました。ふところが寂しくても食べられるし、ときには奢《おご》ってみるのもいいでしょう。まさに庶民の食事です。

常設店のはじまりは街道筋の茶店ですが、これが形を変えて盛り場にあらわれます。江戸ではいろいろな店を茶屋と呼びました。芝居茶屋や相撲茶屋などは観覧席を確保する窓口であり、引手茶屋《ひきてぢゃや》は遊郭で遊女を世話してくれるところです。文字通り茶を飲ませるのが水茶屋《みずぢゃや》で、たいてい看板娘がいて、それを目当てに若い連中が殺到しました。水茶屋娘はアイドル的存在で、谷中の笠森おせん、浅草の難波屋おきた、薬研掘《やげんぼり》の高島屋おひさ、などは錦絵にその姿が残されています。そして、酒や料理を提供するのが料理茶屋で、これがのちに料理屋、料亭へと高級化していきました。

明暦の大火後、浅草寺門前の茶店で茶飯、豆腐汁、煮豆などを調えて「奈良茶」と名づけて出したのが、江戸で最初の常設店です。そして災害時にやむなくおこなわれた外食が、贅沢な楽しみへと変化していくはじまりでした。

この奈良茶飯が大人気を博すと、まもなく江戸のあちこちに料理茶屋ができます。江戸中期の宝暦・明和の頃（一七五一―七二）には、町内に一軒は料理茶屋があるというほどになり、文化文政の頃（一八〇四―三二）にその数はピークに達して、「五歩に一軒、飲食の店」とまでいわれました。

その頃料理茶屋のうちから会席料理を売り物とする高級料理店があらわれます。贅をつくした料理に食器や調度も瀟洒《しょうしゃ》にしつらえて、庭園や風呂を設け、舟で送迎するといった趣向まで用意しました。

会席料理の内容は、まず味噌吸物。次に口取肴《くちとりざかな》が三種。二つ物には甘煮と切焼の魚がひとつずつ。次いで茶碗物ひと椀。それから刺身が出て、ここまでが酒肴。膳には飯と一汁一菜に香の物。その後で香り高い煎茶と茶菓子が出ました。これで一人前銀十匁、いまの金額で二万円から三万円というところでしょうか。

高級料亭、旨い店、安い店、量の多い店――そうした情報を伝える評判記や料理屋番付などが刊行されて、江戸の人びとの話題となります。いまの料理店ガイドにあたるもので、フランスのミシュランに百年以上も先駆けるものでした。

江戸時代後期には、庶民ですら多少の貧富の差にかかわらず「奢《おご》りに行く」と称して、月に一、二度は家族と評判の料理屋へ出かけたといいます。むしろ商家などのしつけのよい家ほど、このような贅沢はしません。下々の者が奢ることは慎むべきだと戒めます。そうしたところから外食は下品だという感覚が出てきたのでしょう。しかし下々からすればどんな模範だって従わないことは楽しいものです。下品だからこそ旨い――江戸の外食文化がまさに庶民から出たことをあらわしているように思います。

江戸前蒲焼を食う

鰻の蒲焼は正徳の頃(一七一一―一六)には上方にあったといわれます。ウナギを腹から割き、切身を金串に刺して素焼きしたものをタレにつけて焼き上げました。江戸には享保の頃(一七一六―三六)にこの調理法が伝わり、当初は上方とおなじように焼いていたといいます。しかし関西の早い流れの川ウナギとちがい、ゆるやかな河海で育つ関東のウナギは脂肪が多く、川魚特有の泥臭味も強いため、あらたに蒸しの技術が加えられました。蒸しをかけるために一片に四本もの串をうつ必要があります。それには背から開く方がよろしい――ということで江戸独自の蒲焼法がうまれました。

江戸に鰻の蒲焼がはじまった頃は、振売りや屋台店のひと串十六文で食べられる、ごく庶民的な食べ物でした。それが天明の頃(一七八一―八九)に鰻の専門店ができて、ひと皿二百文もする高級料理に化けます。ひと皿は大串なら一本、中串で二、三本、小串は四、五本のって、いまの金額で四千円ほどですから、高価な食べ物でした。それで「うなぎ切手」なるものが登場します。一種の商品券で、先に代金を支払っておいた証書で好きなときに鰻を食べられました。よく贈答用につかわれたといいますから、高級な鰻蒲焼の人気は高かったのでしょう。

さて、江戸前海でとれた魚貝のことを「江戸前」といいますが、このことばはもともと旨い鰻のキャッチフレーズでした。当時、江戸前といったら鰻料理のことだったのです。とりわけ深川辺とか神田川辺でとれたウナギが最も佳味とされ、よその土地でとったものは「江戸後《うしろ》」とか「旅鰻《たびうなぎ》」といって嫌いました。

辻売の鰻はみんな江戸後(柳多留一〇五)

鰻屋。看板に「江戸前大蒲焼 つけめしあり」とある。
「女嫌変豆男」（国立国会図書館蔵）

深川に「深川屋茂八」、神田川には「神田川茂七」という鰻屋があって、どちらも土地のウナギしかつかわないことで有名でした。思ったようなウナギが入らなければ何日でも休業したといいます。土用丑の日の書き入れどきにも店を閉じました。注文が多すぎて、焼き方が粗雑になるのを避けたからです。

　いわゆる鰻の名店ほど融通のきかない商いをしました。注文の仕方から食べ方まで、何かとうるさいのが鰻屋の風情です。ほかの料理は一切出さずに、鰻一本でいくのがよい鰻屋といって、最初の頃はご飯も出しませんでした。鰻屋で飯を食うには、こちらからご飯持参で行くのですから面倒です。のちにどこの店でも「つけ飯」を出すようになりますが、それでも鰻めし（うな丼）となると、名の通った店では、けっしてつくりませんでした。

何しろ**江戸前蒲焼**は手間がかかりますから、注文して待たされるのは仕方ありません。そのあいだは酒でも飲んで待つことになります。文化文政の頃（一八〇四―三二）には、鰻屋も料亭のように風呂をサービスするようになりました。ひと風呂浴びて浴衣に着替え、涼んでいるところに鰻があつらえられてくる――などはオツなものです。でも驚くほど勘定を請求されますから、普段は辻焼の江戸後で我慢するとしましょう。それでも天然のニホンウナギ。その味わいをぜひ体感しておきたいものです。

これが江戸のにぎり鮨

「鮓」「鮨」「寿司」――いずれも「すし」のことです。ただし、それぞれに異なった意味がありました。

「鮓」は米飯を発酵材料にして、フナやアユなどを漬けた保存食のことをいいます。いわば時間と手間をかけてつくる魚の漬物であり、酸っぱいから「鮓」の字があてられました。

本来の発酵食品から時間と手間をはぶき、さらに保存食であることもやめて、とれたての江戸前の魚貝を酢で洗い、飯にも酢を加え、綺麗事で生食する「にぎりずし」がうまれました。これが「鮨」です。

江戸っ子は何事も縁起をかつぎました。すし屋は屋号に「寿司」と書き入れて客をよろこばせます。

さて、にぎり鮨といえば、いかにも江戸らしい食べ物というイメージですが、これがあらわれたのは、江戸もずいぶん終わりの方でした。文政七年（一八二四）に本所横網町に寿司屋を開いた華屋与兵衛《はなやよへえ》の発案といわれます。与兵衛のにぎり鮨は、その場ですしをつくるらしい。それも変な手つきでさっとつくるそうだ、と大変な話題をあつめました。「手品のすし」なんて噂されます。

また華屋与兵衛とおなじ頃、深川六間堀の安宅河岸《あたけがし》に「松がずし」というにぎり鮨を売る店があらわれています。こちらは文政のはじめに創業という記録もあるので、あるいはこちらがにぎり鮨の創始者かもしれません。「檀家の進物三重の折、玉子は金の如く魚は水晶の如し」と評判の鮨は、五寸の折箱で三両というから大変なものです。おそらく幕府要人への進物にでも用いたのでしょう。

嘉永六年（一八五三）刊行の「**守貞漫稿**」に江戸では寿司屋が町ごとに一、二軒あると記されています。文政期に登場してから三十年ほどで江戸に寿司屋が急増しました。

では屋台店をのぞいてみましょう。

屋台の寿司屋には、かならず暖簾がかかっています。その暖簾の端のところがちょっと汚れていますが、これが人気店のしるしです。江戸で旨い寿司屋は暖簾の汚れている店をさがせ——が寿司屋選びのポイントのようです。

江戸前のにぎり鮨「守貞漫稿」（国立国会図書館蔵）

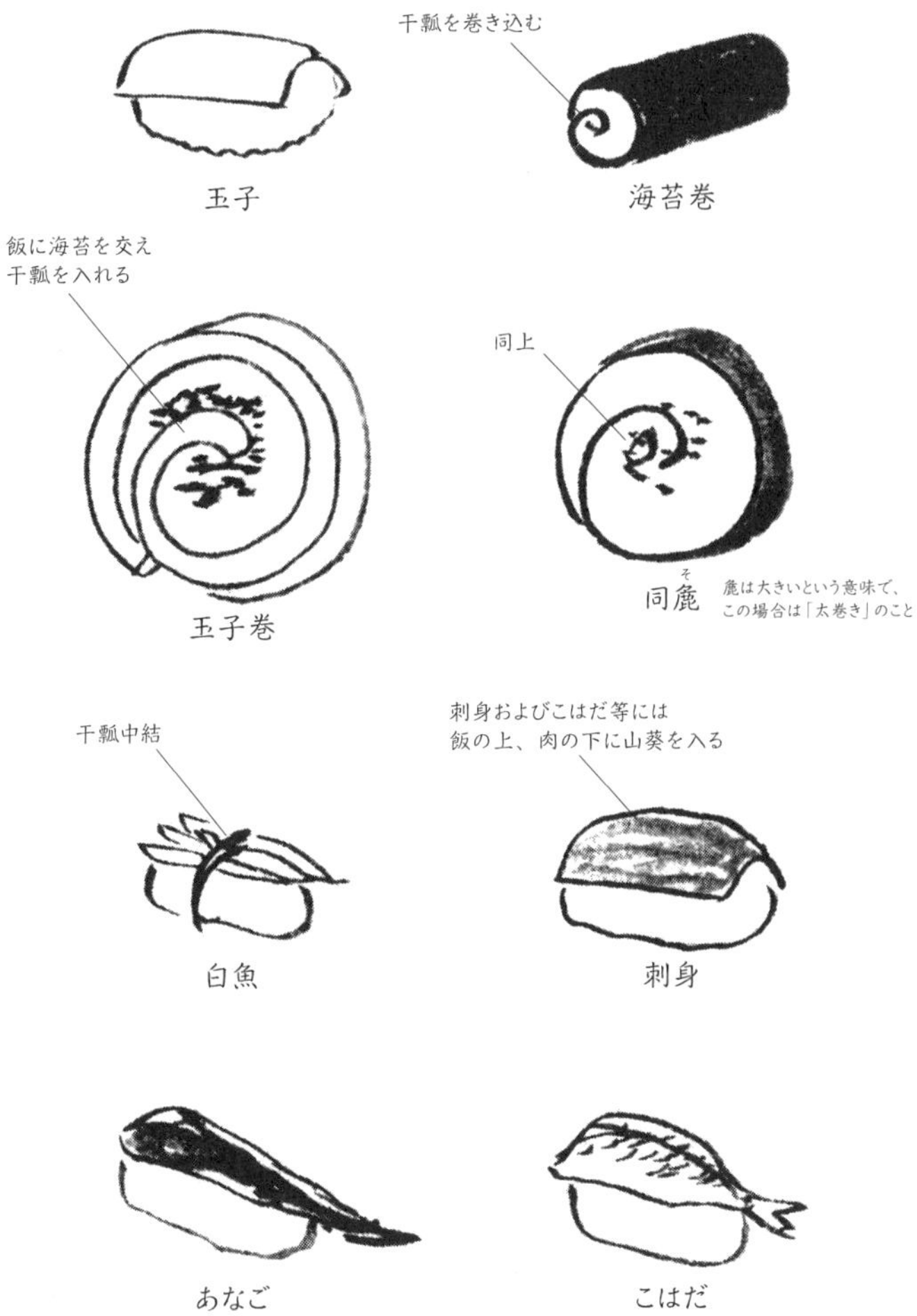

屋台のなかには木の台が少し斜めにしつらえてあって、そこにいろいろのにぎり鮨がおかれています。つくりおきか……その場でにぎってくれる屋台もたまにあるのですが、まあいいや。並べられた鮨を見ると、いまのにぎり鮨とはずいぶんちがうことに気づかれるでしょう。まず、すごく大きい。いまの鮨の二、三倍はあって、まるでおにぎりにネタをのせた感じです。デカネタならぬデカシャリですが、実はこれが本来のにぎり鮨でした。シャリが小さくなったのは、昭和の終戦当時に食糧難から米の配給が足りなくて、寿司屋が窮余の策におこなったのが最初といわれます。シャリが小さい方が上品だなんていうのも、その当時の方便でした。

それから、お馴染みの寿司ネタがありません。ちかごろ人気のサーモンなんて昭和の終わりに養殖物(寄生虫がなく生食できる商品)が出回ってからのものなので、江戸時代にないのは当然ですが、マグロがないのはどうしたことでしょう。

天保三年(一八三二)、江戸前の海にクロマグロの記録的大漁があった際に、これを寿司ネタにするのがいっとき流行ったそうです。でもマグロは酢にくぐらせると白けてしまうし、身もザラザラになってしまうので、あまり旨くありません。けっきょく不評で寿司ネタからはずされてしまいました。のちに醤油でヅケにする方法があみだされ、再び寿司ネタとして人気が出るのですが、それは明治のお話です。

江戸の寿司ネタは江戸前の魚貝をつかうのですが、いずれも火を通すか、酢で締めたものです。冷蔵庫も氷もない時代ですから、近くの海でとれた魚貝であってもすぐに傷んでしまうため、手をかける必要がありました。

生魚ではコハダ、シロギス、コダイなどがあります。シラウオは煮つけたものを五、六樗蒲《ちょぼ》（チョボはシラウオ独特の数え方）飯にのせて干瓢《かんぴょう》でむすびました。マキエビ、イカも茹でてあるし、アナゴはもちろん煮てあります。それに玉子焼と海苔巻。これは大きさ以外はいまと変わりません。

ではコハダをいってみましょう。こうつかんで、すでに醤油がひと刷毛ぬってありますから、そのまま口に運びます。大きいからひと口でいくのは無理でしょう。魚をうまく噛み切れずに口からこぼすなどは無様ですから、気を引き締めてかかります。

これは……微妙。素朴といえなくもないですが、まあ普通の味です。本場の江戸前料理への期待値が高すぎると、しばしば肩すかしを食らいます。

それでは気を取り直してアナゴを食べますかな。表面にぬったツメが照り映えてよい感じです……ん、んっ、んまい。これはイケます。本日の当り狂言。やはり火を通してあるネタの方が無難でしょうか。

さて、三貫目を食べるなんて野暮はしません。というより普通は二貫でお腹がふくれます。これでお代が十二文（約百五〇円）とは何とお安い。銭を置いたら、湯呑に残ったお茶で指をすいで、それを暖簾の端で拭く。これが礼儀です。「旨かったよ」という挨拶だそうです。

天ぷらで江戸前魚貝を堪能

天ぷらはタネが七分に腕三分といわれ、よいタネが旨い天ぷらの条件といわれます。江戸前の海は小魚貝の宝庫ですから、クルマエビ、アナゴ、ギンポ、イカ、ハゼ、キス、シラウオ、貝柱（バカガイ）――など天ぷらにうってつけの素材が目の前でとれて、それが安価に手に入りました。

調理にはタネごとに油の温度や衣の具合をととのえるのが秘訣です。これは熟練を要する技術ですが、最初はそんな難しいことは考えなかったのでしょう。安永の頃（一七七二―八一）と伝えられます。誰がはじめたものか、最初の屋台店があらわれると、あっという間に江戸中に**天ぷらの屋台**が増えました。何しろ素材がよいから旨いし、油をつかった料理も物珍しく、揚げたてがひと串四文という安さですから、人気が出ないわけはありません。

のちに高級魚を揚げて出す専門店ができるし、高名な料理屋のメニューにも加えられます。しかし、うやうやしく盛りつけて食べる物でもないし、進物や土産物にも向いていません。やはり小腹のすいたとき、目の前の揚げたてを口に入れます。それには屋台でおやつ感覚に食べるのがいちばんでした。

ただし、衣を薄くして高温でカラッと揚げて、塩をつけていただく、というわけにはいきません。強い火力はつかえませんから、衣を厚くして、時間をかけてじっくりと揚げました。食

江戸の天ぷら屋は屋台店
「乳母草子　大尾十編」
（九州大学附属図書館蔵）

感もサクッではなくヌシャッときます。何度も申しますが、本場の料理への期待値を上げすぎてはいけません。これはこれで旨いではないかと受容いたします。おそらく江戸の人びとは、油をつかった料理なんて普段から食べませんから、この油っこさも良かったのでしょう。それに天つゆというものを発明しました。これをかけて大根おろしを添えれば、わりとさっぱりいただけます。うまいことを考えましたな。

　それにしても油が高価な時代に、大量の胡麻油をどうやって調達したのでしょうか。「油揚げの匂いがする」と書かれているものがあるので、もしかしたら豆腐屋の払い下げだったりするかもしれません。

　天ぷらは一年を通じて食べられます。それも季節ごとに旬の魚貝を味わう楽しみがありました。浅春にはシバエビ。ほんのりとした甘みに春のおとずれをよろこびましょう。名前のとおり芝浦沖でとれました。花見の頃はギンポ。魚は姿が悪いほど旨いもので、外見から想像つかない、さっぱりした、ふかふかした、皮目のもちっとした歯ごたえが上品です。船橋の四、五寸(約十二～十五センチ)のものがタネには絶好でした。クルマエビは春先から夏までが旬ですが、とくにマキと呼ばれる三寸五分から四寸(約十～十二センチ)ほどの若いものは、身がしまってぷりぷりしています。羽田沖や船橋が本場とされました。

夏から秋にかけてはアナゴ。これは羽田沖が佳味といわれます。こんなに淡白な魚が衣をまとうとジューシー。一本揚げに天つゆをたっぷりかけて、ご飯でいただきたくなります。それで天丼ができたのか――なんて想像をしてしまいました。天丼は幕末から明治初め頃にうまれたもので、江戸にはありませんが、江戸前天ぷらにぴったりの食べ方だと思います。

冬場は貝柱が美味しいでしょう。浦安の、あるいは船橋、羽田沖のバカガイが十一月から翌年二月頃まで存分に楽しめます。寒さにふるえながら頬張ると貝肉がはじけるよう。気持が楽しくなるのは、春を待つ味わいかもしれません。

屋台の天ぷら屋は町のあちこちに見かけますが、とくに橋のたもとには、たいてい出ました。橋詰は火の用心の意味から、ちょっとした空き地になっていたからです。

てんぷらの指を疑宝珠《ぎぼし》へこすりつけ(柳多留一〇〇)

お客はみんな、食べたあとで汚れた手を橋の欄干にこすりつけていきました。

蕎麦は細く切ってもらいたい

江戸に来たからには蕎麦を食べねばなりますまい。

蕎麦はもともと山村を中心に救荒食物《きゅうこうしょくもつ》として栽培されたもので、蕎麦がき、蕎麦がゆ、蕎麦餅、蕎麦団子などにして食べていました。それが江戸時代初めに寺方から蕎麦切りが伝えられると、その方がずっと旨いことに気づきます。とはいえ蕎麦切りには手間が要りますから、村では特別なハレの食べ物として楽しみました。めったに食べられないハレの食が、江戸では毎日食べられる——ここにありがたみがあります。

江戸でいつ蕎麦切りがはじまったのかは定かではありませんが、寛文の頃（一六六一—七三）には「けんどん蕎麦」というのがあらわれています。「けんどん」とは一説に店の主人がつっけんどんだったからといわれ、また別の説には倹鈍《けんどん》、つまり倹約のために食べる一杯盛りの安い蕎麦だというもの、あるいは出前につかう木箱が本箱に似ているから、巻物に見立てた巻屯《けんどん》にちがいないなど諸説あってはっきりしません。いずれにしろ、けんどん屋の呼び名は長くつかわれ、蕎麦屋というようになったのは江戸後期からです。

けんどん蕎麦の頃は、つなぎをつかわない生粉《きこ》打ちでした。麺を茹でると切れてしまうので、蒸籠で蒸した蒸蕎麦《むし》が売られていたようです。いまも蕎麦を蒸籠にのせるのは、かつて蕎麦を蒸して食べた頃の名残でしょう。

小麦粉をつなぎに入れるようになったのは、享保の頃（一七一六―三六）で、麺も茹でるようになります。二八蕎麦――そば粉と小麦粉の比率か、値段かは分かりませんが――を看板に掲げる振売りが広まって、人びとがこぞって食べるようになりました。江戸の蕎麦好きは、この頃にはじまったといいます。それは関東の地回り醤油（濃口醤油）の生産量が増大していった時期とだいたい合致します。濃口醤油ベースの汁が二八蕎麦の流行にひと役買ったにちがいありません。それ以前には垂れ味噌（味噌を水でといて煮詰めて濾《こ》したもの）に酒・削り節を加えて煮詰め、塩、たまりで調味したものを汁につかいました。

まあともかく**蕎麦屋**へ出かけてみましょう。

万延元年（一八六〇）の町奉行調べでは、江戸市中に蕎麦屋の数が振売りを除いて三七六三店あったといいます。江戸の中心部では町内に一軒は蕎麦屋があった計算になりますから、江戸人は大変な蕎麦好きだったわけです。だから、ちょっと歩けば蕎麦屋に出くわします。ほらありました。店主が蕎麦を打っているのが見えますね。

江戸の蕎麦は菓子屋が製造販売しましたが、のちに自分のところで蕎麦を打つ店が増えていきます。団子坂の藪そば蔦屋、麻布永坂の更科、糀町《こうじまち》の砂場といった名代ばかりでなく、横町の小店も手打蕎麦を看板に掲げるようになりました。もっともこの時代はどんな蕎麦も手で打ちますが、菓子屋の二八蕎麦なんて駄蕎麦だ、うちは本物を出すよ、という意味であえて手打をうたったのでしょう。

暖簾をくぐると、なかはわりと混んでいます。商人風のお客に職人さん。ひと足先に入ったお侍の二人は座敷に上がると酒を注文しました。店内には椅子やテーブルはありません。それらは明治時代にできたもので、江戸ではお客を縁台や上り座敷に坐らせて食べさせました。上り座敷にひょいと腰かけて、お品書きをながめます。

御膳大蒸籠　代四十八文
そば　代十六文
あんかけうどん　代十六文
あられ　代二十四文
天ぷら　代三十二文
花まき　代二十四文
しっぽく　代二十四文
玉子とじ　代三十二文
上酒一合　代四十文

では「そば」をひとつ注文してみましょう。

蕎麦屋　行灯に「そば切 うんどん」。格子越しに蕎麦打ちの様子が見える。「絵本御伽品鏡」（国立国会図書館蔵）

できるのを待つあいだに、ほかの種物を見ていきます。あられは小柱（バカガイの貝柱）を蕎麦にちらしたもので、花まきは浅草海苔をもんでかけたものですね。天ぷらは件《くだん》の油のしみた海老天をのせました。しっぽくは現代にないメニューですが、玉子焼き、かまぼこ、シイタケ、クワイなどの具がのったものです。

はい、きました。これは……太い。太いなあ。蕎麦は「切りべら二三本」といってね、細いのが身上でしょう、なんて先入観はさておいて、まず食べてみましょう。

座敷に腰かけたまま半身を横に曲げ、右手《めて》に丸箸、左手《ゆんで》には蕎麦猪口《ちょく》を持ち、まずは二、三本つまんで、そのまま口に持っていきます。ぼそぼそしているからツルツルといきません。ゾボボボという感じです。コシはさほど強くないけど食べごたえのある、ちょっとザラついて歯の裏側に残るような、蕎麦がきを食べている感覚ですね。猪口に口をつけて、つゆを確かめるとすごく辛い。こういうのを尖っているというのですか。薬味は辛味の強い大根おろしが山葵の代わりで、それに鰹節を削ったものと蜜柑の皮が添えてあります。ときおり口におろしを入れ、蕎麦をつまんでは猪口につけ、ゾボボとすりこむ。なるほど強い蕎麦の香りがします。ゾボボ、ゾボボボ……

はい御馳走さん――お代を置いて店を出ます。これはこれで食べ慣れれば、好きになりそうな気がしました。でも、東京で洗練された老舗の味に慣れた向きには、なかなか馴染めないかもしれません。

また、夜になると風鈴蕎麦を見かけることもあるでしょう。振売りは一軒残らず菓子屋から蕎麦を買ってきてつくります。あまり手の込んだものはできません。そうしたことを承知で食べてみると、これが意外に旨かったりします。

屋台のかたわらにしゃがんで、丼をしっかり持ち、ふうふういいながら食べると、江戸の蕎麦も悪くないと思うことでしょう。

江戸の酒は飲みやすい

江戸では時代とともに関東の「地回りもの」が上方からの「下りもの」を凌駕していったので

すが、酒だけはちがいました。江戸の人びとの飲んでいた酒は大部分が上方から遠く船で運ばれてきた「下り酒」です。文化文政の頃（一八〇四―三二）には年間百万樽、約三十四万石もの下り酒が樽廻船によって江戸に運ばれました。それに対して地回り酒の消費は十万樽くらいです。

上方の本場酒造は伊丹、灘、池田が名高く、とくに伊丹の「丹醸《たんじょう》（伊丹諸白《もろはく》）」は早くから江戸積酒をおこない、江戸近郊の地回り酒を抑えて、下り酒人気を決定づけました。

江戸の人びとが好んだ下り酒は、平均二十日も船にゆられて、樽のなかで波にもまれながら自然に熟成され、江戸に着く頃にやわらかく旨味のある酒になりました。ことに酒樽の吉野杉の香りが酒に移って、いっそう味をよくします。

やはらかに江戸で味つく伊丹酒（誹諧媒口　元禄十一年）

江戸の人は富士を見ながらやってきた酒を富士見酒とよろこびました。これをきいた上方の人は、地元の酒なのに江戸で飲む方が旨いのはくやしいと、わざわざ船に酒を積み込み、富士の見えるあたりまで運んでから引き返させます。これを「戻り酒」といって自慢しました。

一方、江戸後期には江戸地酒も出回っています。隅田川諸白は一種のブランドで、「隅田川」「宮戸川」「都鳥」などは味もよいし、値段も下り酒より安いので、庶民に人気がありました。

さてここで江戸時代に飲まれていた酒の種類をみましょう。まず日本酒には清酒《すみさけ》と濁り酒があります。清酒の上等なものを諸白《もろはく》といい、蒸米と麹のどちらにも白米をつかいました。一方、濁り酒は片白《かたはく》と呼ばれ、蒸米だけ白米をつかい、麹には黒麹をつかうから質は落ちます。濁り酒は値段が安いので裏店の人たちがよく飲みました。

おそらく戦国時代に九州でうまれた焼酎は、江戸に伝わってアルコールの強い酒として好まれるとともに、傷口の消毒にもつかわれています。

味醂《みりん》は江戸後期になると調味料につかわれるようになりますが、それ以前は飲みものでした。お屠蘇や女性の飲む、甘くてコクのある酒として好まれます。

焼酎と味醂を半々に混ぜたものを本直しと呼びます。飲みにくい焼酎を口当たりよく直すという意味でしょう。夏に冷やして飲みました。上方では柳陰《やなぎかげ》と呼びます。

江戸では米と酒の値段は連動していて、たいていは米一升よりも酒一升のほうが安かったといいます。酒飲みにとってはうれしいことですが、そのかわり軽いというか、薄口でした。ときには水っぽさを感じるかもしれません。それというのも水増しをしていたからです。酒を水で薄めるなんて、と思われるでしょうが、これにはちょっとした訳がありました。

当時、酒造業者には酒株というものが必要とされました。酒株を持つ者は特権的に酒造が認められますが、運上金や冥加金の名目で税を納める義務が生じます。ことに幕府は米価調整のために酒造業者に無理をいうことが多く、この酒税が業者に重くのしかかります。しかし、そこに抜け道がありました。税は酒の量(体積)に対してかけられるのであり、酒の濃さは関係ありません。そこで酒造業者は、水分を少なくして、アルコール濃度の高い酒をつくって出荷すれば、量が減るので税は抑えられるし、輸送コストも安くすむ。それを後から薄めればいい、と考えます。

こうして樽廻船から問屋に入って水増しされ、さらに小売の酒屋でも水を加えるという具合に薄くなって、アルコール濃度が四〜五パーセントほどで売られていました。ただし、当時の酒は旨味や糖度がいまよりもずっと高かったので、かなり水増ししても味は変わらなかったともいいます。とはいえビールとおなじくらいのアルコール度数では、酔い覚めも早かったようで、酒好きの江戸っ子は日に何度も酒をひっかけました。職人さんなどは仕事に出かける前に軽く一杯、昼飯をとりながら一杯、ひと風呂浴びて一杯、寝る前に一杯。だいたい一日二合飲んでいたといいます。

それでは江戸の酒がどんなものか、実際に飲んでみましょう。

酒は量り売りですから、酒を買うには徳利を提げて酒屋へ出かけます。よく酒飲みが貧乏徳利という、酒屋の名前が入った素焼きの徳利をぶら提げていますが、あれは酒屋が小売のお客に貸出したもので、徳利がなくても酒を買うことはできました。

酒屋はどこもいっしょのようですが、酒を最終的に水で調製するのが小売店ですから、店によって味がちがってても不思議ありません。よく、あそこの酒屋はいいものを売るなんていったものでした。

江戸の居酒屋
左にチロリがかかっている。
「職人尽絵詞」(国立国会図書館蔵)

店先には杉の葉を玉のように束ねた酒林（七四頁）が看板がわりに下がっています。店内で一杯ひっかけることもできますが、横に別店をつくって飲ませるところもありました。ちょっとしたつまみなども出すので、居酒屋みたいなものです。

江戸の居酒屋は、明暦の大火後にふえた煮売屋のうちから、酒を中心に売る煮売酒屋があらわれ、これが居酒屋に変化しました。常設店では鎌倉河岸（現千代田区内神田二丁目）の酒店「豊島屋」が本業のかたわらに、店前で客に立ち飲みをさせたのが最初といわれます。これが評判となって市中に多くの居酒屋が出現しました。

居酒屋の店内は酒樽が積まれ、床几《しょうぎ》に腰かけて片足を上げ、矢大臣《やだいじん》を決め込んだお客が見えます。酒の入ったチロリは銅製の酒器で、燗をした酒をそのまま猪口へと注げました。前頁の絵では左の方に四つかかっています。その下に砂鉢《さはち》に盛られた料理を選んでいるお客が描かれています。居酒屋のメニューは、「まぐろから汁」「あんこう鍋」などが定番でしょうか。煮魚、里芋の煮ころがし、酢ダコなども食べられます。「ずぶ六」にならない程度に、ゆっくりと飲んでいきましょうか。

遊郭へ出かける

吉原は江戸文化の華といわれます。

錦絵に描かれる遊女の艶やかな姿に男性は熱狂し、女性はその髪型や着物をきそうように真似ました。花魁《おいらん》は芝居役者とともにファッションリーダーであったのです。吉原を舞台に戯作文学がうまれ、芝居の題材となり、音曲を育み、俳諧・狂歌を隆盛へとみちびきました。江戸文化と知られるさまざまな分野に何らかの影響を与えます。上級武士や文人を相手にする花魁は、それらへの高い教養を身につけていたから、妓楼での遊興が一種の文化サロン的な役割を果たしました。

しかし、いかに文化的であっても、そこが売春をおこなう苦界であったことはまぎれもない事実です。華やかさと裏腹な遊女の悲惨な話には事欠きません。

文化の華か苦界か――価値観のまったく異なる現代社会では、そのいずれかを極端にとらえがちで、真の姿はかえって遠ざかるように思います。

ここでは想像上の吉原に登楼し、華やかな遊郭の明暗を見ていきます。その後、岡場所へ足を向けて、宿場女郎、深川芸者、夜鷹、船饅頭などもたずねましょう。

吉原へ初登楼

吉原への道順は三通りほどあります。ひとつは柳橋辺で猪牙舟《ちょき》を仕立て、大川から山谷掘の舟宿に乗りつけて日本堤に上がりました。ふたつ目は日本橋方面から駕籠で御蔵前通りを通り、浅草の馬道を抜けて日本堤に出ます。もうひとつは上野山下辺から駕籠で入谷田圃《いりやたんぼ》を突っ切って日本堤へ向かう行途。私らのように田圃道をてくてく歩くなどは、あまりお大尽《だいじん》はいたしませんが、駕籠にゆられて酒手をたかられるより、かえってよいでしょう。ほら皆おなじように歩いておりますよ。

日本堤は山谷掘に沿って築かれた土手で、今戸から三之輪、山谷から浅草聖天町《しょうでんちょう》（現台東区浅草七丁目）の二か所の土手を合わせて二本堤といったのが、いつしか日本堤の呼称になりました。吉原に行くにはこの土手八丁をかならず通ることになります。

土手から遊郭まで、曲がって下る衣紋坂《えもんざか》は長さ五十間。五十間道《ごじっけんみち》と呼ばれました。土手から降り口には左手に有名な見返り柳が植わっています。遊客が名残惜しんで、この辺で吉原を振り返ることから名づけられました。

道には両側に引手茶屋《ひきてぢゃや》が並んでいます。ここは遊郭遊びの案内をしてくれるところ。茶屋に上がると酒と肴が出て、女将《おかみ》が話をしながらお客の好みを聞きます。ときには若い者が張見世までついて行って、遊女を選ばせました。その後は妓楼の手配から遊女の予約までやって、お客を妓楼へと送り出してくれます。妓楼の方でも茶屋の案内なら上客としてあつかってくれま

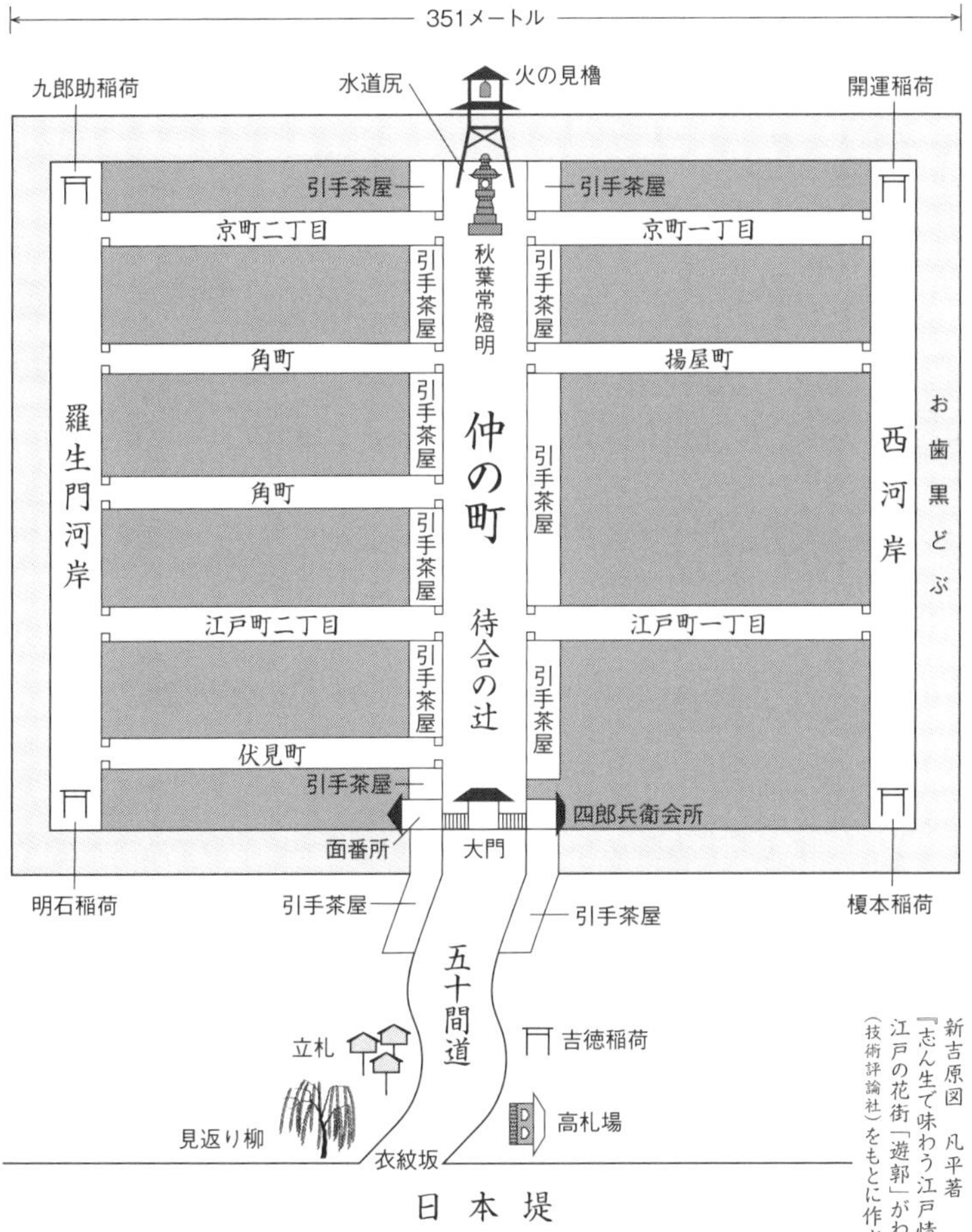

新吉原図　凡平著『志ん生で味わう江戸情緒［2］江戸の花街「遊郭」がわかる』（技術評論社）をもとに作成

した。ただし、そのためにはずしりと中身のある財布をあらかじめ茶屋に預けないとなりません。今日はそこまでは持ち合わせがないので、直《じ》きづけ（茶屋を通さずに登楼する）とまいりましょう。

道の折れ曲がった末に大門があらわれました。黒塗りの冠木門《かぶきもん》は吉原遊郭のただひとつの出入口です。遊郭の広さは縦に百三十五間（二六六メートル）、横に百八十間（三五一メートル）、総坪数二万七百六十七坪（約八万平米）で、ここに三千人とも五千人ともいわれる遊女が抱えられました。周囲は「お歯黒どぶ」と呼ばれる幅五間（約九メートル）の溝に囲まれて、遊女の逃亡を阻みます。大門の右側には妓楼同士が建てた「四郎兵衛会所《しろべえかいしょ》」があり、番人が遊女の外出がないように見張っていました。一方の左側「面番所《めんばんしょ》」では、役人が怪しい者の出入りに目を光らせています。吉原にお尋ね者が入り込むことがあったのでしょう。あまりびくつくと怪しまれますよ。ナニ、女郎《じょうろ》買いにきたのですから、ニヤついていればいいのです。

ああ、廓内《なか》はかなり雑踏していますね。老若男女があふれています。もちろんみんなが遊客ではありません。十数人つれだって歩いているのは、きっと江戸見物に来た田舎の人たちでしょう。何といっても吉原は一番人気の江戸名所……いや悪所です。浅草の観音さまをお参りして吉原《こちら》へ回るのが観光の定番コースとなっていました。

それにしても女性の姿が目立ちますね。それも若い娘さんが多い、というのも花魁は江戸中の娘らのアイドル的存在だったのです。花魁の髪型や着物の柄から帯の結び方など、若い女性は夢中になって真似ました。今晩も花魁の艶やかな姿を見ようと、はるばるやってきたのでしよう。女性は妓楼にはあがれませんが、茶屋や四郎兵衛会所で切手（入場券のようなもの）をもらえば、廓内を歩くことができました。

いましがた暮六ツの鐘をきいたので、もう夜見世のはじまりです。吉原は昼夜二回営業で、昼九ツ（正午）から昼七ツ（午後四時頃）が昼見世で、暮六ツ（午後六時頃）にはじまる夜見世は夜四ツ（午後十時頃）までと定められました。しかし夜見世《よるみせ》は営業時間を延ばすため、暁九ツ（午前零時）を夜四ツということにして拍子木を四つ打ちます。鐘の九ツとは別に「木の四ツ」という吉原の時刻でした。つまり午前零時までは登楼できる仕組みです。その後、暁八ツ（午前二時頃）の大引けで営業が終了しました。

大門からまっすぐのびる通りを仲《なか》の町《ちょう》といいます。両側には引手茶屋がずらりと並びました。五十間通りにも引手茶屋はありましたが、仲の町には高級な店が数多く軒を並べます。とくに大門を入って右側の七軒は格調が高いことで知られ、「七軒茶屋」と呼ばれました。どの引手茶屋の軒下も「子持吉原」を染め抜いた暖簾が掛けられ、丸提灯の明かりがうっとりするような列をつくって、通りの先の方で夕闇と混ざり合います。そこに一枚絵から抜け出た花魁の息を飲むほどの美しさが——箱提灯に先導されて——あらわれると、あたりは刻《とき》が止まったようにしんとなりました。

花魁道中は両脇にふたりの禿《かむろ》を供に、後ろに振袖新造《ふりそでしんぞう》がふたり、番頭新造、遣手《やりて》がつづき、長柄傘を持ち上げた若い者がしんがりをつとめます。高さが六尺（約十八センチ）もあろうという黒塗り三枚歯の高下駄が、いったん内へ振り出してから大きく外へと地面をなめるように輪を描くたび、まっ白な足がかならずのぞきます。いま仲の町で止まった時間は、外八文字の足運びのたびにちょっとずつ前へ進みました。

やがて、ほうっというため息があちこちから漏れるとともに、刻は動き出し、「綺麗じゃのう」「あんな花魁とひと夜をすごせたら」口ぐちにいうのがきこえてきます。これほど静かで熱狂的なパレードは、現代のテーマパークでもおがめないでしょう。

え、あの花魁を買うことができるかですって。そりゃあ金を積めば遊べないこともありません。でも花魁道中をおこなうのは「新造《しんぞう》付き呼出し昼三《ちゅうさん》」という最高位の遊女です。「吉原細見」を見れば、揚代《あげだい》（指名料）が一両一分（約十二万円）とありますね。さらに引手茶屋を通して酒宴を開き、芸者や幇間《たいこ》を上げて、総花《そうばな》（ご祝儀）床花《とこばな》（花魁へのご祝儀で寝床にそっと差し込む）行き渡らせれば、軽く五十両（約五百万円）に届いたりしますから、まあ無理でしょう。それに呼出しを置くような大見世《おおみせ》には引手茶屋を通さなければ登楼《あが》れません。今日は直きづけですから中見世《ちゅうみせ》や小見世《こみせ》の方にまいりましょう。

仲の町から横道に入ると、妓楼が軒を連ねる表通りです。

通りに面した張見世《はりみせ》の朱色の格子の向こうには、ずらり居並ぶ遊女らの姿をじっくりおがめると、男客らが群がって、清掻《すがかき》（三味線の独奏によるお囃子）の音《ね》も賑やかに、夜見世は熱気を帯びていました。マア、たいていは素見《すけん》（ひやかし客）ですよ。

張見世の格子のことを籬《まがき》といって、その形が妓楼の格をあらわしました。

全面が格子となっているものが総籬《そうまがき》で、大見世だけのものです。それに対して格子の上部分が半分くらいあいている半籬《はんまがき》は中見世、上半分がすべてあいている総半籬は小見世という決まりでした。

さて、ここなどは中見世ですけど、いかがでしょう。気に入った妓《こ》はいますか。ほう上《かみ》から三枚目の……ああ、いいですね。おそらく部屋持ちの花魁でしょう。それではあの妓にいたしますか。

張見世は遊女とお客の出会うところです。格子越しに相手を選ぶことを見立てといいました。しかし一方的に男客が決めるものと心得えれば不首尾に終わるのは必定。ごらんなさい。籬のなかから遊女も相手を品定めしております。好いた顔かどうか、服装《なり》を見れば懐具合も見当がつく。これは好きだろうと思う相手には、吸いつけ煙草を差し出して態度をしめしました。こちらが登楼《あが》りたい、あちらも登楼《あげ》たいという暗黙の合意によって廓《くるわ》遊びは成就にいたります。

さあ花魁の前にお行きなさい。通人ぶった頬かむりなんか要りません。あなたなどは容子《ようす》がいいのだから、しっかり顔を拝ませるとよいです。こちらが相手の目を見る。花魁もあなたを見る。花魁は煙管をぷかりとして火をつけ、吸い口を籬のあいだから差し出すでしょう。あなたは受け取って一服飲んでから、また吸い口を返します。

それから張見世の横の妓夫台《ぎゆうだい》にすわっている妓夫《ぎゆう》に声をかけます。

「はいはい。それはもうよろしいことで。さあ、まずおあがりになされまし」

妓夫は客が選んだ遊女を確かめて、お客がついたことを奥に知らせます。

「雛鶴《ひなつる》さん、お支度ぅ」

暖簾をくぐり、土間で履物をあずけると、若い者の案内で幅広の階段を二階へ上がって行きます。今回は初会《しょかい》ということで引付座敷《ひきつけざしき》へと案内されました。ここで遊女とあらためて初対面となります。

座敷に坐ったら落ちついて、どっしりかまえてください。禿《かむろ》が茶と煙草盆を持ってきたので、喉のかわきを潤していると、すぐに酒とかんたんな肴が運ばれます。そこに花魁が遣手と共にあらわれました。花魁はあなたの正面に坐るのでなく、また横に並ぶでもなく、斜め前の上座《かみざ》にこちら向きに着座します。盃に酒が注がれると、ここで三三九度の真似事をしました。これはひと夜の婚姻を結ぶという意味です。

遣手というから何かくれるのかというとそうではなく、逆に祝儀を欲しがります。ここで出しておきましょうか。そうですね、一朱も遣《や》ればいいでしょう。

「おや。まあ。ありがとうおざります。花魁、ご祝儀をいただきましたヨ」と、少し相好をくずして見せました。これは振られないための保険金みたいなものです。

初対面が済むと、これから芸者や幇間を上げて宴席になりますが、それをせずにすぐ床入りをしたければ「床急ぎ」を願います。酒を飲むよりも、早く雛鶴さんとふたりきりになりたいという想いは、きっと相手にも伝わることでしょう。

床急ぎの客は若い者に案内されて花魁の部屋へ移ります。ここで祝儀をしていないと、ほかの部屋へ振られて、いくら待っても花魁は現れないこともありました。これが「振られる」です。若い者に通された部屋は小ざっぱりとした綺麗なところでした。

さて、床急ぎといっても、すぐ花魁が来てくれるわけではありません。たいていは「廻《まわ》し」といって、複数のお客をとりました。座敷から座敷へ、お客の寝床を回って相手をします。ひどい重労働の上に何人もの床を相手にできるものではありません。そこで「ちょいと待っていておくんなんし」なんて適当な言いわけをして、部屋を出たきり朝まで戻らないことなどよくありました。

部屋へ通されてから、かれこれ一刻半も経ちましたか。もしや来ないのでは。あなたが不安になっているところへ――襖がすぅと開いて、雛鶴さんが入ってきました。あなたは居ずまいを正します。その傍らに雛鶴さんは滑り下りるように坐ると煙管に火をつけ、また吸い口をこちらへ向けて、「一服おあんなんまし」。そういえば花魁と口をきくのは初めてです。

「初会はお床入りまで話しかけない定めであいりす」

台の物（料理）を注文し、酒もあたらしいのを誂えます。まったく台屋《だいや》（廓内への仕出し料理屋）の寿司なんて、みた目ばかり豪華で中身は少ない。さあ花魁お食べなせえ。盃を酌み交わし、話もさして盛り上がらぬまま、花魁はふたたび出ていってしまいました。果たして戻ってくるでしょうか。

さらに一刻《いっとき》あまり、廊下を不寝番《ふしんばん》が拍子木を打ちながら通って行きます。「八ツでございます」――大引けの拍子木を合図に、ざわついていた楼内に急に静けさが広がりました。ただ寝床へ向かう遊女らのパタンパタンという上草履の音だけ響きます。そのひとつが、ありがたいことに部屋の前でピタリと止まりました。

さあ、帯を解かんし。客にうながすと、雛鶴花魁は頭から櫛や笄を抜きとり、紙に包んで脇に寄せます。あなたは上物交じりけなしの六尺ひとつになって蒲団に横になると、床着の雛鶴さんが静かに寄りそってまいります。あなたの胸にそっと手をおいて、耳元に口を近づけ、それから——寝落ちしました。

いいんですよ。寝かせておやんなさい。花魁も廻しをかさねてお疲れです。たまにはこんなこともね。大丈夫。チョイの間、休ませてあげたら目を覚ますでしょう。

あなたは雛鶴花魁の顔をしげしげと眺めます。化粧をして鉄漿を入れていますが、まだあどけなさも残る、どう見ても十八、九というところでしょう。

雛鶴は店での源氏名で、本名を「たき」といいます。いや別に「とよ」でも「たえ」でもいいのですが、もとは越後あたりの山出しで、七歳《ななつ》のときに売られてきました。女衒《ぜげん》に連れられていくときには、お父《と》っさんはだまって口もきかず、お母《か》っさんは泣きくずれたことでしょう。妓楼へ入れば姉女郎にしたがい、禿として教え込まれます。苦楽を数えたなら、辛いことの方が多かった。十三歳で新造出しとなり座敷に上がりました。突出しで初めて客をとったのは十七歳のとき——

おや、すうすう寝息をたてはじめましたよ。これはいけません。本当に寝入ってしまったようです。初会で首尾いたさぬは客の恥、と申します。さて、これはどうなることやら……

早朝、お客は夜明け前に店を出ます。大門をくぐるとき、あれほど浮き浮きしたのに、出るときにどうも気が重いのは朝帰りのきまりの悪さでしょうか。日本堤に差しかかる時分には夜も白々明けて、見返り柳のところで、あなたもまた吉原を振り返ります。何だかすっきりした顔をしていますね――なるほど、よく分かりました。帰り際、階段の下まで花魁に見送られていましたっけ。「また来なんし。いつ来なんしえ」なんかいわれて。険呑、険呑。まあ裏を返すのもよいですが、上りつめたら命がけ、なんてことにならぬように、お気をつけなんし――

吉原遊郭のシステム

吉原は明暦三年（一六五七）の大火で浅草裏田圃に移転されたもので、もとは人形町にありました。そのため、かつての元吉原に対して新吉原ともいいます。

幕府公認の遊郭は、水路と築地塀《ついじべい》に囲まれて別世界の様相をあらわしました。大門から順に見て左手から伏見町《ちょう》、江戸町《ちょう》一、二丁目、角町《すみちょう》、揚屋町《あげやちょう》、京町《きょうまち》一、二丁目と並びます。このうち揚屋町に妓楼はなく商店が軒を連ねました。路地を入れば裏店があって、江戸のほかの町屋と変わらない光景も見られます。そこに職人、芸人、師匠など遊郭に関係する人びとが集住しました。

遊郭内には二百軒をこす妓楼がありますが、規模と格のちがいから大見世、中見世、小見世に分けられます。永井義男著『図説吉原事典』によれば、文化八年（一八一一）には大見世が江戸町一丁目の松葉屋《まつばや》、扇屋《おうぎや》、江戸町二丁目の丁字屋《ちょうじや》、京町一丁目の大文字屋《だいもんじや》など八軒。中見世は京町一丁目の岡本屋、角町の加賀屋のほか江戸町一、二丁目に合わせて十九軒。小見世は全部で五十八軒ありました。

また京町二丁目と伏見町には、局見世《つぼねみせ》(切見世《きりみせ》)という平屋の割長屋に安い妓楼がびっしりと建て込んでいます。さらに大門から見て右端の西河岸と左端の羅生門河岸には、もっと低ランクの河岸見世《かしみせ》が並びました。ここには妓楼を年季明けとなった遊女が行き場もなく流れてきて、大年増をこえた、病気持ちの遊女があつまります。とくに羅生門河岸は強引な客引きで知られますから、遊客は注意が必要です。

妓楼は店のランクにもよりますが、一階は客を引くところ、二階が遊ぶところでした。表通りに面した張見世の脇に、床几と妓夫台が置かれていて、お客は妓夫(若い者)と遊びの交渉をします。暖簾をくぐると土間の先は台所になっていました。お客はお内所(楼主の部屋)の前を通り、階段を上ります。二階の上り口には、たいてい遣手部屋があって、なかから遣手が上がってきた客の品調べしたり、遊女の廻しの指示をしたりしました。二階には花魁の部屋があり、宴席のための表座敷や初会の顔合わせのための引付座敷、それに遊女が客の「廻し」をとる廻し部屋があります。また、お客の小用便所もありました。江戸で二階に便所があるのはここくらいですから、「二階で小便してきた」といえば、吉原で遊んだことを自慢することです。

最高位の遊女をかつては太夫《たゆう》と呼びました。しかし江戸中期の明和の頃(一七六四—七二)にこの名称はなくなります。

高級遊女を花魁《おいらん》といい、もっとも位の高い花魁を「新造付き呼出し昼三《ちゅうさん》」といいます。揚代は金一両一分。花魁道中ができるのはこの最高級遊女だけで、張見世にも顔を出すことはありません。次が新造の付かない「呼出し昼三」で揚代は金三分です。

その次の「昼三」から昼夜通しの客をとりました。通しで金三分。夜のみは金一分二朱。次が自分の部屋と客を通す座敷を持っている「座敷持」で、通し金二分、夜のみ金一分。次に自分の部屋だけ持つ「部屋持」になると、通しで金一分、夜のみは二朱で遊べます。ここまでが花魁と呼ばれました。その相手は武家や裕福な商人ですから、庶民はなかなか遊べる相手ではありません（先の文章は想像上の吉原ですから、若旦那にでもなった気分で部屋持ちと遊んでみました）。

庶民はもっぱら新造と呼ばれる下級遊女がお相手です。新造はいわば見習い遊女で、若い妓もいれば、けっこうな年増の妓もいます。二十人程度の共同部屋に寝食し、廻し部屋で客をとりました。廻し部屋は大部屋を屏風で囲っただけの割床《わりどこ》で、声も音もつつ抜けです。客にとってはもちろん、遊女たちにも劣悪な環境でした。手練手管を磨いて、客をたくさんとり、この境遇から早く抜けたいと遊女たちは考えますが、花魁になれるのはごく一部にかぎられます。

新造のままで年季を明けた遊女が番頭新造になることがありました。基本的に客はとらず、花魁の世話役として、嫌な客をあしらったり、さまざまな連絡を取り次いだりする頼りになる姐さんです。

遣手も遊女あがりで、年季が明けてからも妓楼の内勤として残った者です。ほとんどが三十歳以上の大年増で、禿の教育から客の格付け、廻しの指示、さらに脱走を図った遊女の折檻まで、妓楼の内部をとりしきりました。遊女たちから怖れられる存在です。

吉原の遊女は多くが幼少のうちに売られてきました。これには妓楼に雇われた女衒が地方を回って、三両から五両（およそ二十万円から四十万円）で人買いをします。東北・北陸の貧農の娘が多かったといいます。当時は娘が家族のために苦界に身を沈めることは親孝行とされました。娘らは両親や親類に因果を含められて送り出されたことでしょう。江戸で遊女になれば、米の飯が食べられるし、田舎では着ることのできない綺麗な着物を身にまとえる、そんなことをいわれたかもしれません。

吉原の遊女は苦界十年、年季二十七明けといわれました。しかし、客をとりはじめてからの十年なので、幼いうちに買われた娘は二十年をこえる奉公もざらです。また、初めの借金はわずかなものですが、遊女として生活に必要な着物や飾りもの、さらに年中行事にかかわる出費などで、さまざまな借金を重ねました。

幼女のうちに妓楼に入ると、まずは禿として、妓楼のしきたりやしつけをきびしく叩きこまれます。さらに読み書きにはじまり、一般教養ひと通りを習いました。教育係である遣手は禿のうちから、これはという者を選び花魁付きとします。これを引き込み禿といいました。器量はもちろん、物の飲み込みの早さ、上品さなどを見て選ばれました。引き込み禿は将来の花魁候補で、十三、四歳で振袖新造となります。その新造出しには妓楼を上げて祝い事をしました。妓楼内では振袖を着ていることからついた名で、十七歳前までお客をとらず、姉女郎の花魁のもとで雑用をこなしながら、花魁に必要な教養を深めました。

振袖新造がはじめての客をとる前に水揚《みずあげ》をおこないます。生娘として売られてきた禿が初体験をする儀式で、いきなり客をとって性に対する恐怖を感じることのないように、妓楼の客から信頼できる年配の床上手が頼まれて、これをおこないます。

水揚がすむと、いよいよ突出《つきだ》しです。将来有望な遊女を妓楼がおおいに売り出すために、突出しの儀式には二百両から五百両もの費用がかかりました。これは贔屓筋に頼みますが、これだけの金額をポイと出してくれるところは蔵前の札差、金座・銀座の役人、魚河岸など数えられるほどです。なかでも魚河岸の旦那衆は突出しの無心をされると、これを名誉と心得て、ふたつ返事で引き受けたといいます。

突出しで客をとると、まもなく花魁に昇格して座敷を与えられるでしょう。これから十年の年季をつとめるうちには身入りも大きいけれど、出費もかさみます。また花魁ともなれば、禿の面倒もみなければなりません。そのうえにお職(妓楼のトップ花魁)をめざす日々がつづきます。

一方、引き込み禿に選ばれなかった者、あるいは十歳過ぎに妓楼に入って、十分な教育を受けなかった者は、十五歳で留袖新造《とめそでしんぞう》としてお客をとります。留袖新造から花魁になることはほとんどなく、下級遊女のままで年季を終えるか、鞍替え(ほかの妓楼に売られること)されました。

大部屋での共同生活、客をとるのも廻し部屋で、食事さえ十分でないことが多く、客の残した料理をあつめておいて翌日に食べるのが楽しみです。「吉原では米の飯が食べられる」もあてになりません。こうした過酷な環境で梅毒や結核などの病気を患い、あるいは過労や栄養不良で命を落とす者も少なくありませんでした。

花魁が望みうる最高の幸せは、富裕な旦那衆に身請《みう》けされることです。高い教養を身につけてはいますが、幼い頃から廓で暮らしてきたので、庶民生活の能力はまったくありません。娼家に囲われて、身の回りの世話をする使用人をあてがってもらえればありがたいことです。しかし身請けには元の借金に加えて、遊女生活にできた借金、さらに花魁が残りの年季内に稼ぐ見込みの金額も含めて、おそらく数百両という金がかかりますから、実際にその願いがかなうことは稀でした。

二十七歳の年季明けで自由の身になれたとしても、実家に帰ることはままなりません。売られるときには親孝行だと讃えられたのに、商売女あがりを快く迎えてくれる家は少なかったからです。

けっきょく廓で育った女は、ふたたび遊女の暮らしに戻らざるを得ませんでした。品川や新宿の宿場女郎に流れる者もいるし、吉原でも局見世や河岸見世におちぶれる者もいます。なかには温情的な楼主に抱えられて、気高く生きた遊女もいたでしょう。しかし、多くの者はいったん苦界に身を沈めたならば、けっして逃れられない苦悩のうちに生涯を送ったことと思われます。

江戸の岡場所

江戸では吉原だけが幕府公許の遊郭で、そのほかの非公認の売春街は岡場所といわれ、もぐり営業をおこないました。岡場所にはさまざまの形態がありますが、いずれも吉原に比べ遊興費は安く、格式ばったところもありません。そのため吉原をしのぐ人気を博したところもあります。

最盛期には江戸市中に二千カ所の岡場所があって、数千人の私娼が昼夜をたがわず売色《ばいしょく》をしました。その多くは町奉行の管轄外となる寺社地の近くで営業をおこないます。しかし寛政の改革、天保の改革と二度の風紀取り締まりでは大規模な警動《けいどう》(町奉行所による摘発)に遭い、大半の岡場所が消滅しました。

岡場所への警動は、おもに吉原の書き上げ(役所へのチクリ)によっておこなわれます。市中にはびこる売春街が自分たちの経営を圧迫すると考えた吉原は、幕府公許の権威を傘に着て岡場所に圧力をかけます。

吉原では書き上げ役と岡っ引きの二人組に各所の岡場所を偵察して回らせました。これが大変に阿漕な連中で、行く先々で金銭の強請《ゆすり》や女接待(売春婦を無料であてがう)の強要をおこないます。これに従わないと奉行所へ書き上げが送られて警動を掛けられますから、岡場所側はいうことをきくしかありません。

いざ警動がおこなわれるときは、奉行所の捕物方が売春場所を急襲し、雇主を縄目にかけて二百日の営業停止を食わせました。一方、女郎はぶちのめして吉原に連行し、競売にかけます。そして奴女郎と蔑まれながら二年間、無料でつとめさせられました。

このように岡場所への取り締まりは大変に苛酷でしたから、売春街は存在自体が流動的で、このあいだ遊んだところが、いつのまにか消えている、などはよくあります。

それでは江戸後期に栄えていた岡場所をいくつか見ていきましょう。

江戸の四宿である品川・新宿・千住・板橋に遊里がありました。市外の宿場には一定数の飯盛《めしもり》女《おんな》を置くことを許されたので、半ば公認の遊女街といえます。そのため警動の対象からは外されて長く存続しました。

四宿のうちでは品川がいちばん格上です。江戸から見て南の方角にあるので、通称「南」と呼ばれ、百軒近い旅籠屋に六百人以上の飯盛女が置かれました。ここでは張見世を「顔見世」といい、格子の正面に二人、奥に隠れるように数人の女が並びます。「〽ぼーんちかわいやねんねしな　品川女郎衆は十匁」と、しりとり唄に出てくるように、大見世の高級女郎の揚代は銀十匁（約六百六十文＝約八千円）と割安ですから、江戸からはるばる来た甲斐もあります。

品川の客にんべんのあるとなし（俳風柳多留七編）

品川の上客は人偏《にんべん》のつく侍（勤番者）とつかない寺（増上寺の僧）が多かったといいます。

新宿は甲州街道第一の宿場で、当時は内藤新宿と呼ばれました。五十軒ほどの旅籠屋に百五十人以上の飯盛女がいます。街道には馬が行き交い、馬糞の臭いがただようなかで遊びました。「馬糞女郎」という近隣の農家から呼んだ女が相手なので野暮ったいですが、「そこがいい」というお客も少なくありません。揚代は上店で銀十匁です。

千住は千住大橋をはさんで北側が上宿、南側が下宿です。近くに小塚原《こづかっぱら》の刑場があるので「こつ」などと呼ばれました。代金は夜が四百文、昼が六百文という、俗にいう四六見世《しろくみせ》です。猿若三座の芝居役者は吉原で遊ぶのを禁じられたので、小塚原《こつ》まで出かけたといいます。

板橋は中山道第一の宿場として人が行き交う要所でしたから、もちろん旅籠屋には飯盛女がおかれます。仲町を中心に二十八軒の四六見世が並び、ほかの宿場よりも規模は小さいながら、江戸からの遊客がせっせと訪れました。

次が深川芸者です。深川は江戸の辰巳の方角にあったので「辰巳芸者」といい、また男物の羽織を伊達に着こなしたので「羽織芸者」とも呼ばれました。髪は鬢差しをつかわない「おとしばら」、鉄漿を入れずに白歯のままで、冬でも素足で通します。このおきゃんなつくりを辰巳風といい、江戸の娘たちはあこがれました。

深川芸者のうちには、三味線を弾き、唄と踊りで芸を売る本来の芸者（白芸者）もいますが、多くが売色に転びます。深川ではそうした芸者を「子供」と呼び、置屋（遊女を抱えるところ）を「子供部屋」といいました。

俗に深川七場所という仲町《なかちょう》、大新地《だいしんち》、櫓下《やぐらした》、裾継《すそつぎ》、石場《いしば》、土橋《どばし》、佃新地《つくだしんち》に遊女屋が並びます。

とりわけ仲町と土橋には上見世が揃っていました。仲町は永代寺門前、一の鳥居に茶屋が散在して、近くの子供部屋から子供を呼出して遊びます。芸者は玉代《ぎょくだい》といい、これが昼夜ともに金二分一朱（約二千二百五十文＝約二万七千円）で時挟み（延長料金）が三朱（七百五十文＝約九千円）です。土橋は永代寺門前東仲町にあり、子供のほかに男芸者も置きました。玉代は昼夜を五つに区切り、ひと切れが銀十二匁（約八百文＝約一万円）です。

江戸後期になると、深川芸者の人気は吉原を大きくしのいでいきます。吉原にとっては最大のライバルであり、そのために何度も警動が仕掛けられました。そして天保の改革によって完全に取り潰しとなり、江戸の粋とうたわれた辰巳の風情は失われてしまう運命にあります。

次は根津の岡場所が登場します。根津権現は徳川家との関係が深く、町奉行所もうかつに風紀取り締まりのできない地域でした。そのために根津門前町には引手茶屋がずらりと並び、花魁道中の真似事までおこなわれて活況します。遊女が客を振らないことで有名で、しかも昼夜で十匁（約六百六十文＝約八千円）、時挟み（延長料金）が金二朱（約五百文＝約六千円）と割安のため、大変に人気の高い遊里でした。

岡場所には常設店の形を借りた私娼屈がたくさんあります。

かつて上野山下に「けころ」という遊女街がありました。「蹴転ばし」からきた名で、おそらく売色に転ぶという意味でしょう。不忍池の近くに料理茶屋が百軒ほど並び、各店には二、三人の茶汲女がいて、店前の床几に坐って通行人に声をかけました。つまり店そのものが張見世という寸法です。客は二朱（五百文＝約六千円）で料理を注文する建前で茶汲女を買い、奥の座敷で遊ぶ仕組みになっていました。延長を「お直し」といってお銚子を追加します。これが二百文（約二千四百円）でした。ここは割安で評判でしたが、寛政の改革ですべて取り潰されています。

水茶屋はもともと茶を飲ませるところですが、各店は看板娘を置いて客を集めるようになり、その多くは売色もおこないました。岡場所には売女を隠して抱えている「伏玉《ふせたま》」と、近くの置屋から女を呼ぶ「呼出し」という、ふたつの形があります。水茶屋にはこのどちらもあり、茶汲女が伏玉のこともあれば、ふつうの水茶屋営業だけれど奥座敷で呼出しを揚げるところもありました。本所一ツ目橋の御船蔵前町には伏玉の水茶屋が軒をつらねて、歓楽街の様相を呈しています。

浅草新馬道町に「地獄」という私娼があります。地元の素人娘を「地者《じもの》」といい、その「極上」だから地獄です。チョンの間《ま》（半刻＝約一時間）が一分（千文＝約一万二千円）と高いですがサービスがよいと、吉原で遊女に振られた男客のあいだで評判でした。地獄は本所一ツ目弁天にもあり、こちらは夜二朱（五百文＝約六千円）で遊べます。

夜鷹は材木置場や樹木の陰に立つ私娼で、客と寝るための莫蓙《ござ》を抱えています。料金が二十四文（約三百円）と蕎麦一杯ほどの値段に驚きますが、切れ間が短いため、実際には百文近くはかかるでしょう。それでも安上りです。

ところで夜鷹は皆おなじ恰好をしています。実はこれがユニフォームでした。本所吉田町と四谷鮫ヶ橋に夜鷹の総元締めの親分がいて、遊女の契約をすると衣服が支給されます。遊女は普通の女房がいわばパートとして働きました。吉原やほかの遊女屋のように借金のかたに奉公させられるのとちがって、足を洗いたければすぐに止められます。とはいえ生活のために毎晩仕事に立つ者ばかりでした。総本山である吉田町と鮫ヶ橋のほか、柳原土手や飯田町、采女ヶ原などが夜鷹の溜り場として知られています。

船饅頭《ふなまんじゅう》、通称「船饅」は船上で事をなす私娼です。橋下などに係留した船にいて、人が近づくと舳先に置いた火鉢にかんな屑をくべて、ぼうっと燃え上がった明かりで顔を照らして呼び込みました。箱崎の永久橋は船饅のメッカで、料金が三十二文（約四百円）、ひと切れは舟で中州をひと回りする間です。そのほか柳原土手、数寄屋橋、回向院土手など、大小の川沿いのあちこちに船饅頭はいました。

比丘尼《びくに》はもともと熊野神社の牛王宝印《ごおうほういん》を売り歩く尼僧が色に転んだのが最初といわれます。菅笠《すげがさ》に繻子《しゅす》の頭巾を被り、地獄極楽の絵解きをした文箱を背負って、朝五ツ（午前八時頃）から昼七ツ（午後四時頃）まで、人通りの多い橋や辻を歩きました。客がつくと近くの宿で売色をします。料金は百文（約千二百円）が相場でした。柳原土手には比丘尼宿が多くあります。

男娼専門の陰間茶屋《かげまぢゃや》もあちこちにありますが、とくに芳町に数多くの陰間がいました。この近くには中村座、市村座の二丁町があり、役者志望の陰間が色子《いろこ》として女形の稽古をしたのだといいます。また、陰間を買うのは僧侶が多かったので寺社門前に多くの陰間茶屋がありました。湯島天神新地、芝神明社地、平川天神地内、市谷八幡新地などが知られます。

岡場所は天保の改革によって、ほとんどが姿を消します。遊女の多くは吉原へと収監されますが、それがために吉原の岡場所化というべき遊女の質の低下をうみました。行き過ぎた風紀取り締まりが、けっきょくは吉原の斜陽をもたらしたといえるかもしれません。

さらに明治になると、新政府の頭官が二頭馬車で繰り込むような御時世に、江戸文化の華とうたわれた吉原の格式もすっかり様変わりして、巨大な性風俗施設の体を成すにいたります。それゆえ近代の吉原の姿を取り上げれば、暗黒面ばかり強調されるのは自然の成り行きのようにも思われます。

江戸の華とうたわれた吉原の格式は、江戸中期の享保の頃を盛りとして、ご維新にいたると失われていったのでしょう。

終章

これは難儀だ
（トラブルシューティング）

お金に困ったら

江戸生活の手持ち資金が底をついた。

大事な金子を盗人にとられてしまった。

三ドラ（飲む・打つ・買う）にのめり込む、相場に手を出す、などで散財。


江戸でお金に困るケースはいろいろ考えられます。

江戸の人たちは金に困ったときにどうしたのでしょうか。

まずは友人や知人あるいは親戚に頭を下げて借金を願います。それで首尾よくいけばよいですが、意見だけされて金は借りられない、なんて羽目にもなりかねません。

そんなときには質屋が心強い味方となります。暑くなったから夜着を曲げて（質入れすること）しまおう。もう冬も近いから蚊帳を入れよう。どのみち狭い裏店ですから、生活用具は物置にしまう感覚で質草《しちぐさ》にしてしまいます。ただし質屋には借りる金高によって二割から五割の利息がつきました。十二カ月を過ぎると質物は流されますから、うっかりすると取り戻せません。

必要な金をつくれるほどの質草がなければ、町の金融に頼るしかありません。といっても銀行などありませんから、高利貸を頼むことになります。

代表的な高利貸に「座頭金《ざとうがね》」があります。盲人のおこなう金融で、幕府は盲人保護のためにかれらの所持金（盲人が検校や別当などの高い地位を得るための幕府への上納金として貯めていた）を官金扱いにして貸付と利子の取り立てを許しました。座頭金は返済期限が三カ月と短く、一割から二割の利息と礼金を先に取るので、最初から貸金の八割から六割しか受け取れません。期限に返済しないと盲人が集団でやってきて騒ぎ立てました。それでも払えなければ、次には奉行所の役人がやってきて捕縛されてしまいます。

「五両一《ごりょういち》」は貸金五両につき利息が月に一分。年利にすると六割で、五両借りて三両の利子を支払う計算になります。「十一《といち》」も十日で一割の利子ですから年利六割の利息です。こうしたヤミ金には取り立て屋もいて、家の前で大声を出して脅したりしました。

さらに高利なのが烏金《からすがね》で、利息は日に二、三パーセントから、ときには一割もとられます。早朝、烏がカァと鳴けば利息がついているので烏金。吉原の引手茶屋に金をもたずに上がると、ひと晩の遊びから、烏金の借金をこしらえて、どうにも首が回らないことになります。

何にしろ江戸では借金をすることは禁物です。

病気にかかったら

江戸へ出かける際には、風邪薬、下痢止め、頭痛薬、傷テープ、さらに各種ビタミン剤をひそかに携行することをお勧めします。

とくに気をつけたいのが飲み水です。水道は江戸っ子の自慢ですが、浄化設備なんてない時代ですから、生水は避けた方がよいでしょう。

体調をくずしても、医者はあてにはなりません。そこで民間信仰のご利益に頼ってみるという手もあります。江戸の各地に霊験あらたかな神仏が鎮座まします。

［咳止め祈願］

咳の爺婆《じじばば》　築地の稲葉対馬守の中屋敷内（現築地場外市場門跡通り公衆トイレ脇）にあり。咳に悩む者は石像に祈願する。治れば願ほどきに米と豆と餅あられを供えます。

おしゃもじ稲荷　石井神社（江東区亀戸四―三七―一三）にあり。神社より飯杓子《めししゃもじ》を借り自宅に持ち帰って拝む。治ったら御礼に一本を加え、二本の飯杓子を納めました。

［眼病平癒］

こんにゃく閻魔　源覚寺（文京区小石川二―二三―一四）にあり。閻魔様が自分の片眼を犠牲にして老女の眼病を治したといわれます。参詣者はこんにゃくを供えました。

眼の薬師　新井薬師（中野区新井五―三―五）にあり。二代秀忠公の御息女の重い眼病が平癒したと伝えられ、眼の薬師として評判になりました。

［足腰難儀回復］

韋駄天像　西光寺（台東区谷中六―二―二〇）境内にあり。藤堂高虎《とうどうたかとら》が安置したと伝えられる韋駄天像は足腰病平癒に効験ありと土俗の信仰を集めてきました。

役の行者像　龍泉寺（目黒区下目黒三―二〇―二六）境内の坂下にあり。奈良の修験道士の祖役小角《えんのおづぬ》を祀り、足腰の病に効験ありといいます。

［イボ・タコ・魚の目・痔のご利益］

蛸薬師のお撫で石　成就院（目黒区下目黒三―一一―一一）にあり。病人は蛸を断ち、お撫で石の御守をさわることで、イボ、タコなど身体のふくれた部分が平癒します。

［瘡毒から守る］

笠森稲荷　天王寺中の福泉院（台東区谷中七―六）にあり。笠森の名から瘡毒に悩む娼妓らの信仰を集めました。土団子をつくり供えて祈り、平癒の際は米団子を供えました。

［麻疹《はしか》退散］

半田稲荷　半田稲荷（葛飾区東金町四―二八―二二）は麻疹に霊験あり。赤装束の願人坊主が、葛西金町半田の稲荷、疱瘡も軽い麻疹も軽いと唄いながら歩きました。

［**歯痛をしずめる**］

梨の実　信州戸隠神社は歯痛平癒の霊験あり。梨の実に歯の痛きところを書き入れ、信州戸隠神社の方角を向いて祈願したのち梨を川に流せば、痛みが癒えるといいます。

［**毛髪の悩み**］

毛塚　王子神社（北区王子本町一－一－一二）境内にあり。髢《かもじ》、鬘《かつら》をつくった蝉丸を祀る塚は髪の神様として信仰をあつめています。

［**火傷を治す**］

かえる石　十番稲荷神社（港区麻布十番一－四－六）にあり。口より水を吐き火災を止めたと伝えられる蛙の石像は、やけどの守とされています。

［**悩みがとろける**］

とろけ地蔵　大円寺（目黒区下目黒一－八－五）にあり。品川沖で網にかかった地蔵を拝めば、悩みがとろけると伝わります。

災害に遭ったら

江戸には火事が多いので、貴重品はつねに持ち出せるようにしましょう。
江戸を襲った大災害は次のようなものがありました。

［大火］

明暦の大火（振袖火事）　明暦三年（一六五七）正月十八日、本郷丸山本妙寺より出火、神田、京橋から深川まで焼失し、翌十九日には小石川、麹町からも出火し、飯田町から九段を焼失させ、江戸城の天守閣が焼け落ちました。死者数三万人とも十万人とも。

天和の大火（お七火事）　天和二年（一六八二）十二月二十八日、駒込大円寺から出火、三千人あまりが焼死しました。お七火事と呼ばれますが、八百屋お七の放火は別の火事。

元禄の大火（水戸様火事）　元禄十六年（一七〇四）十二月二十九日、大地震の余震にともない小石川水戸屋敷から出火、池之端から下谷、浅草橋、本所、深川が焼失。

明和の大火（行人坂火事）　明和九年（一七七二）二月二十九日、目黒行人坂大円寺より出火、麻布、芝、京橋、日本橋、神田、下谷、本郷を焼失。死者二万人といいます。

［地震］

元禄地震　元禄十六年（一七〇四）十二月二十三日、相模トラフを震源とするマグニチュード八・二の巨大地震。江戸よりも相州、房州の被害が大きく、死者五千人。

安政江戸地震　安政二年（一八五五）十一月十一日、東京湾北部辺を震源とする推定マグニチュード六・九の直下型地震。下町地域で地震動激しく、死者は一万人。

［風水害］

寛保の江戸洪水　寛保二年（一七四二）八月三日、暴風雨で利根川が関宿付近で決壊、水流が江戸下町を直撃し、両国橋、新大橋、永代橋を押し流して、千人近くの溺死者を出しました。本所、深川では水位が五尺（約一・五メートル）も上昇しました。

天明の大洪水　天明六年（一七八六）七月、関東に集中豪雨があり、その三年前に浅間山噴火の火砕流流下があった利根川上流で氾濫しました。濁流は江戸へと押し寄せ、下町地域は海と化したといわれます。

安政の大風災　安政三年（一八五六）八月二十五日夜間、江戸近くを通過した超大型台風により市中の建物はことごとく大破。暴風と高潮による死者十万人とも伝えられ、前年の江戸大地震の被害をはるかに上回る日本史上最大の台風災害となりました。

科人になったら

現代のように犯罪者の矯正という考えの進んでいない江戸では、罪人への処罰は驚くほど厳しいものでした。たとえば十両盗むと首が飛びます。被害者も犯人が捕まって死罪になるのも寝覚めが悪いと、被害を十両未満で届けたりします。そのとき取り調べの役人が、「どうして九両《くりょう》三分二朱」――なんて小噺は有名ですね。

江戸移住者がいちばん気をつけたいのが夜間の外出です。町木戸は夜四ツ（午後十時頃）で閉じます。近所ならよいですが、知らない町で木戸番にとがめられて、自身番屋で役人の調べを受けるなどは大変に厄介なので、絶対に避けたいものです。

そのほかにも盗み、喧嘩、博打、殺人、幕府転覆などは厳に慎むべきでしょう。科人《とがにん》にならないように、江戸時代の刑罰を知っておくのもよいかもしれません。

庶民に課せられる刑は、呵責《しかり》・過料・手鎖《てぐさり》・敲《たたき》・追放・遠島《えんとう》・死刑です。

呵責《しかり》　軽犯罪に適用される制裁で、役所に呼び出されて叱られます。普通に叱られる「叱り」と、すごく叱られる「急度叱り《きっとしかり》」の二段階がありました。

過料　軽犯罪に適用される罰金刑です。軽過料は銀三貫文か五貫文、重過料は銀十貫文以上か金二十両ないし三十両。財産の多寡《たか》によって決まる応分過料、持家の間口によって決まる小間過料などがありました。過料が払えないときは、次の手鎖に変更することもできます。

手鎖　両手に手鎖をかけて封印し、自宅謹慎となります。罪の軽重によって、三十日、五十日、百日とありました。手鎖中は尻が拭けないので難儀ですが、油を塗ると抜けるという裏技がよく知られています。

敲《たたき》　小額の盗み、湯屋の板の間稼ぎなどに適用される成人男子への刑で、箒尻《ほうきじり》で叩いて放免します。罪に応じて軽敲《かるたたき》が五十回、重敲《おもたたき》は百回叩きました。重敲には入墨《いれずみ》を入れることもあります。耳切り、鼻そぎの刑に代わって江戸中期に登場しました。女性や子供の場合は叩く代わりに一定期間入牢させる過怠牢《かたいろう》となります。

追放　不義密通や町人の帯刀などが発覚すると、この刑が適用されます。いま住んでいるところから追放する（所払《ところばらい》）、品川・板橋・千住・四谷の大木戸並びに本所・深川の外に追放する（江戸払《えどばらい》）、日本橋から五里の範囲から追放（江戸十里四方追放）、などがありました。これには期限を定めず、さらに田畑、屋敷、家財を罪に応じて没収する闕所《けっしょ》や入墨が刑罰に付加されます。

遠島　島流しといわれ、八丈島など伊豆七島や佐渡島に期限を定めず送られました。まちがって人を殺《あや》めた者、博打の胴元、女犯《にょぼん》の僧、殺人幇助《ほうじょ》などに課せられます。闕所、入墨も付加されました。

江戸時代には懲役刑がありません。伝馬町の牢屋は未決囚の拘置であって、服役はしませんでした（ただし牢内では自白をとるための拷問がまかり通り、牢名主制のもとで私刑《リンチ》が日常的におこなわれますから、入牢自体が過酷な実刑といえます）。そのかわり死刑には豊富なバリエーションがあります。

下手人《げしゅにん》　斬首になりますが、遺体の引き取りが可能で、埋葬も許されました。重犯罪者だが、情状酌量の余地ありとされた場合に科せられます。

死罪《しざい》　斬首の上、遺体は武士の刀の試し斬り《ぎ》に供されます。十両以上の盗み、不義密通発覚、営利殺人などに適用されました。

火罪《かざい》　市中引き回し（罪人を縄で馬にくくり、罪状の捨て札を立てて、江戸の中心部を通り刑場へと進む）の上、磔《はりつけ》にして火あぶりとします。放火犯に適用されました。

獄門《ごくもん》　市中引き回しの上、斬首、試し斬りののち、首を晒します。主人の妻との不義密通、贋秤の製造、追剥ぎ、毒薬販売などで捕まると、これが適用されました。

磔《はりつけ》　市中引き回しの上、磔にして槍で突き殺し、遺体は三日間放置されます。主人殺し、親殺しなどに適用されました。先に斬首しておいてから、形だけ槍で突くことが多いようです。

鋸挽《のこぎりびき》　罪人を土中に埋めて首だけ出して二日間放置します。脇に鋸を置いて希望者に挽かせました（ただしこれは形式的なもので、本当に挽こうとする者は役人が止めたといいます）。そののち市中引き回しの上、磔刑に処します。主殺し、親殺し、お上への反逆などに適用されました。

現代に戻りたい《リセット》。または、戻りたくない《コンティニュー》

江戸の生活から現実社会へ戻りたくなったときはどうすればよいでしょう。

かんたんなことです。

ここは自分のいるべき世界ではないと思えば、すぐに現代へと帰ることができます。

一方、江戸《ここ》は何て居心地がいいのだろう。もう現代へは帰りたくない――そう感じていらっしゃる皆さんは、ご遠慮は要りません。心ゆくまで江戸にお遊び下さい。皆さんの江戸生活に本書がいくらかお役に立てたことを大変ありがたく存じます。

ただ、本書は江戸生活での基本的なことに終始してしまって、江戸をのんびり見て回る楽し

みをご紹介できませんでした。祭礼、相撲見物、寄席、釣り、絵画や書画、物見遊山、名所めぐり、年中行事、旅、人生習俗あれこれなど、書き残したことがたくさんあります。願うことなら本書「生活編」に引き続き「逍遥編」というべき続編で、ふたたび皆さんと江戸へ出かけられたらいいな——

　そんなふうに考えています。

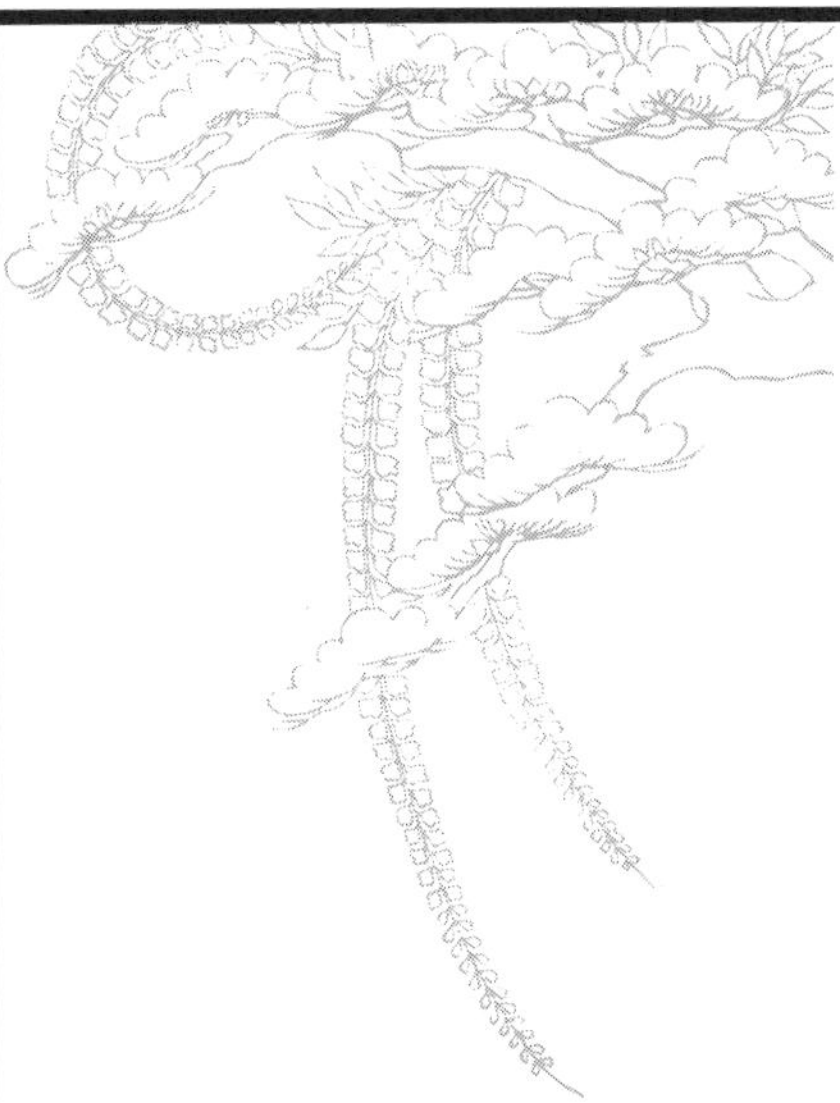

【参考文献】

直接の引用は本文中に記してありますが、ほかに数多くの書籍等を参考にさせていただきました。
緒先学の労作に感謝を申し上げます。

〔近世史料〕

『近世風俗志（守貞漫稿）』（一―五）　喜田川守貞著　一九九六年―二〇〇二年　岩波文庫
『燕石十種』（一―六）　岩本活東子編　一九七九年―一九八〇年　中央公論社
『続燕石十種』（一―三）　岩本活東子編　一九八〇年　中央公論社
『新燕石十種』（一―八）　岩本活東子編　一九八〇年―一九八二年　中央公論社
『未刊随筆百種』（一―十二）　三田村鳶魚編　一九七六年―一九七八年　中央公論社
『随筆辞典』（一―五）　柴田宵曲・朝倉治彦・鈴木棠三・森銑三編　一九八七年　東京堂出版
『江戸砂子』　菊岡沾凉著　小池章太郎編　一九七六年　東京堂出版
『新訂　江戸名所図会』（一―六）　斎藤幸雄・幸孝・月岑著　市古夏生・鈴木　健一校訂　一九九五年―一九九七年　ちくま学術文庫
『江戸繁昌記』　寺門静軒著　朝倉治彦・安藤菊二編　一九七五年　東洋文庫
『落穂集　江戸史料叢書』　大道寺重祐著　萩原竜夫・水江漣子編　一九六七年　人物往来社
『藤岡屋日記　第一巻』　須藤由蔵著　鈴木棠三・小池章太郎編　一九八七年　三一書房
『塵塚談・俗事百工起源（古典文庫五四）』　小川顕道・宮川政運著　一九八一年　現代思想社
『日本随筆大成』第三期三　一九七六年　吉川弘文館
『江戸の戯作絵本・巻一』　小池正胤・宇田敏彦・中山右尚・棚橋正博編　一九八〇年　現代教養文庫
『増丁　武江年表』（一―二）　斎藤月岑著　金子光晴校訂　一九七六年―一九七七年

［江戸関連書籍］

『縮刷版　江戸学辞典』　西山松之助・南博・南和男・宮田登・郡司正勝・神保五弥・竹内誠・吉原健一郎編　一九九四年　弘文堂
『江戸編年辞典』　稲垣史生編　一九六六年　青蛙房
『大江戸ものしり図鑑』　花吹一男監修　一九九四年　主婦と生活社
『イラスト図鑑　大江戸暮らし』大江戸探検隊編著　一九九九年　ＰＨＰエディターズ・グループ
『江戸生活辞典』　三田村鳶魚著・稲垣史生編　一九五九年　青蛙房
『江戸・町づくし稿』（上・中・下・別巻）　岸井良衛著　一九六五年　青蛙房
『江戸と江戸城』　内藤昌著　一九六六年　鹿島出版社
『図説吉原事典』　永井義男著　二〇一五年　朝日文庫
『江戸ッ子』　西山松之助著　一九八〇年　吉川弘文館
『娯楽の江戸　江戸の食生活』　三田村鳶魚著　朝倉治彦編　一九九七年　中公文庫
『大江戸の正体』　鈴木理生著　二〇〇四年　三省堂
『江戸名所図会の世界』　千葉正樹著　二〇〇一年　吉川弘文堂
『江戸語辞典』　大久保忠国・木下和子編　一九九一年　東京堂出版
『明治東京風俗語辞典』　正岡容著　一九七七年再版　有光書房
『東京語の歴史』　杉本つとむ著　一九八八年　中公新書
『浮世だんご』　三代目三遊亭金馬著　一九九一年　つり人社
『江戸落語便利帳』　吉田章一著　二〇〇八年　青蛙房
『落語風俗辞典』（上・下）　北村一夫著　一九七九年　現代教養文庫
『江戸空間――一〇〇万都市の原景』　石川英輔著　一九八七年　コナミ出版
『江戸へようこそ』　杉浦日向子著　一九八九年　ちくま文庫
『大江戸復元大図鑑〈庶民編〉』　笹間良彦著画　二〇〇三年　遊子館
『江戸衣装図鑑』　菊地ひと美著　二〇一一年　東京堂出版

『江戸結髪史』　金沢康隆著　二〇一六年改訂新装版　青蛙房
『江戸服装史』　金沢康隆著　二〇一六年改訂新装版　青蛙房
『化粧ものがたり　赤・白・黒の世界』　高橋雅夫著　二〇一八年第二版　雄山閣
『江戸の絵師「暮らしと稼ぎ」』　安村敏信著　二〇〇八年　小学館
『江戸あきない図譜』　高橋幹夫著　一九九三年　青蛙房
『図説大江戸おもしろ商売』　北嶋廣敏著　二〇〇六年　学習研究社
『江戸商売図絵』　三谷一馬著　一九九五年　中公文庫
『江戸の出版』　中野三敏監修　二〇〇五年　ぺりかん社
『内なる江戸　近世再考』　中野三敏著　一九九四年　弓立社
『江戸のダンディズム男の美学』　河上繁樹著　二〇〇七年　青幻舎
『下町四代』　松本和也著　一九八八年　朝日ソノラマ
『面白いほどよくわかる歌舞伎』　宗方翔著　二〇〇八年　日本文芸社
『大江戸岡場所細見』　江戸の性を考える会著　一九九八年　三一書房
『砂払』(上・下)　山中共古著　一九八七年　岩波文庫
『江戸時代の科學』　東京科学博物館編　一九八〇年　名著刊行会
『江戸の時刻と時の鐘(近世史研究叢書(六))』　浦井祥子著　二〇〇二年　岩田書院
『再現江戸時代料理』　松下幸子・榎本伊太郎編　一九九三年　小学館
『江戸料理読本』　松下幸子著　二〇一二年　ちくま学術文庫
『巨大都市江戸が和食をつくった』　渡辺善次郎著　一九八八年　農山漁村文化協会

[**論文・論考**]
「歌舞伎概説」　岡本綺堂著　一九三三年
「幕末江戸の宮地芝居について」　佐藤かつら著　二〇〇二年
「徳川前期の町屋敷経営と不動産投資」　鷲崎俊太郎著　二〇〇八年　三田会学雑誌

［口演音源］

「小言幸兵衛」　三遊亭圓生（六代目）　一九七六年六月一七日　東横劇場

「芝居風呂」　三遊亭圓生（六代目）　一九六四年五月三一日　人形町末広亭

「大工調べ」　古今亭志ん朝（三代目）　一九八一年四月一四日　三百人劇場

「本堂建立」　柳家小満ん（三代目）　二〇一〇年三月一八日　関内小ホール

「小猿七之助」　神田伯龍（六代目）　二〇〇五年七月二七日　日本橋亭

また、研究機関や個人のホームページに勉強させていただきました。深く御礼申し上げ、勝手ながらアドレスを明記させていただきます。

［参考Web］

国立国会図書館デジタルコレクション　https://dl.ndl.go.jp/

同・暦コレクション　https://www.ndl.go.jp/koyomi/collection/index.html

早稲田大学図書館　古典籍総合データベース　https://www.wul.waseda.ac.jp/kotenseki/index.html

日本食文化の醤油を知る　http://www.eonet.ne.jp/~shoyu/index.html

marineと奈央のブログ　https://ameblo.jp/cypris11/entry-12557731350.html

大阪商業大学商業史博物館・江戸の町を歩けば　http://moch.daishodai.ac.jp/tanbou/tanbou01_01.html

三方よし研究所・近江商人の教育　http://www.sanpo-yoshi.net/lean/life.html

ズバリ！実在賃金　日本の給与史　http://tingin.jp/kyuyo_shi/meiji.html

四季・コギト・詩集ホームページ　https://shiki-cogito.net/

江戸の日本髪　https://www.edononihongami.com/

江戸時代小袖の変遷　http://anonym.la.coocan.jp/bugrama/edokosode.html

綺堂事物　http://kidojibutsu.web.fc2.com/index.html

【謝辞】

無茶ぶりの企画をとりはからい、うまくまとめてくださった旬報社の熊谷満さんに感謝申し上げます。

遊び心ある紙面をつくっていただいたデザイナーの宮脇宗平さん。あたたかなタッチを添えていただいたイラストレーターの高安恭ノ介さん。ありがとうございました。

そして、ここまでお読みくださった読者の皆さまに、心より御礼申し上げます。

【索引】

き

く

け

冨岡一成（とみおかかずなり）

一九六二年東京生まれ。博物館学芸員、築地市場勤務などを経てノンフィクション作家に。天文から食文化まで幅広く著述をおこなっている。

著書に『ぷらべん 88歳の星空案内人 河原郁夫』（旬報社）、『江戸前魚食大全～日本人がとてつもなくうまい魚料理にたどりつくまで～』（草思社）など。

近頃は江戸の地本ばかり読みあさるせいか、本当にあちらに住んでいる錯覚におちいる。江戸では貧乏長屋の大家におさまって、長屋の連中と日々気楽にやっているようなので、折を見て向こうの生活をお伝えしていきたい。

江戸移住のすすめ

二〇二一年二月一〇日 初版第一刷発行

著者……冨岡一成
ブックデザイン……宮脇宗平
イラスト……高安恭ノ介
編集担当……熊谷満
発行者……木内洋育
発行所……株式会社旬報社
一六二ー〇〇四一
東京都新宿区早稲田鶴巻町五四四 中川ビル四階
TEL＝〇三ー五五七九ー八九七三 FAX＝〇三ー五五七九ー八九七五
HP＝http://www.junposha.com/
印刷製本……中央精版印刷株式会社

 ISBN978-4-8451-1672-0